Daniela Eichmeyer

Luftqualität in Dolmetschkabinen als Einflussfaktor auf die Dolmetschqualität

Klaus-Dieter Baumann/Susanne Hagemann/
Hartwig Kalverkämper/Klaus Schubert (Hg.)
TransÜD.
Arbeiten zur Theorie und Praxis des Übersetzens und Dolmetschens
Band 89

Daniela Eichmeyer

Luftqualität in Dolmetschkabinen als Einflussfaktor auf die Dolmetschqualität

Interdisziplinäre Erkenntnisse und translationspraktische Konsequenzen

Frank & Timme
Verlag für wissenschaftliche Literatur

Umschlagabbildung © Michael Maritsch – www.maritsch.com
unter Verwendung der Fotografien
Ponte Vecchio a Firenze © pro_digitalart – Fotolia.com und
Portrait © Michael Maritsch – www.maritsch.com

ISBN 978-3-7329-0362-7
ISBN (E-Book) 978-3-7329-9668-1
ISSN 1438-2636

Herstellung durch Frank & Timme GmbH,
Wittelsbacherstraße 27a, 10707 Berlin.
Printed in Germany.
Gedruckt auf säurefreiem, alterungsbeständigem Papier.

www.frank-timme.de

Inhaltsverzeichnis

Abbildungsverzeichnis

Tabellenverzeichnis

Abkürzungsverzeichnis

AGW	Arbeitsplatzgrenzwert
AIIC	Association Internationale des Interprètes de Conférence
ANSI	American National Standards Institute
ASHRAE	American Society of Heating, Refrigerating and Air-Conditioning Engineers
ASR	Technische Regeln für Arbeitsstätten
CO_2	Kohlendioxid
GMBl	gemeinsames Ministerialblatt
IAQ	Indoor Air Quality
ISO	International Standard Organization
PAQ	Perceived Air Quality
SBS	Sick Building Syndrom
TQM	Total Quality Management
VOC	Volatile Organic Compound

Hartwig Kalverkämper (Berlin)

Qualitäten des Lebens als Qualität des Arbeitens: Die Schnittstelle Dolmetschen

1. Luft zu Beginn kulturhistorischer Wahrnehmung

LUFT – schon im Anfang der Geistesgeschichte der Menschheit bewusst erfahren und höchst geschätzt als einer der vier Grundbausteine (griechisch ein στοιχεῖον *stoicheíon*, lat. *elementum*) der Materie, die das Leben ausmachen und somit etwas Primäres, Prinzipielles (im Griechischen dementsprechend: ἀρχή *arché* 'Ursprung', 'Anfang'; lat. *principium*) darstellen: im Altgriechischen gehört dazu ἀήρ *aḗr*, lat. *aer* die 'Luft'.

Die vier in der Antike geltenden materiellen Elemente (oder Essenzen, von lat. *esse* 'sein', *essentia* 'Wesenheit'), nämlich 'ERDE' (γῆ *gḗ*, lat. *terra*), 'WASSER' (ὕδωρ *hýdōr*, lat. *aqua*), 'LUFT' (ἀήρ *aḗr*, lat. *aer*) und 'FEUER' (πῦρ *pýr*, lat. *ignis*), die üblicherweise dem Aristoteles (384 – 322 v.Chr.) als Erkenntnis zugeschrieben werden – dieser sie aber auf den Vorsokratiker Empedokles (um 495 – um 435 v.Chr.) zurückführt, der seinerseits sie als die "vier Wurzeln von allem" bezeichnet –, bestimmen das Sein des Menschen in und mit ihnen.

Schon das wissenschaftliche Denken der antiken Griechen[1] schlägt hier die Brücke zwischen Natur[2] und menschlich ordnendem Verstand[3], der – über die (sinnliche) Wahrnehmung[4] hinaus – erkennt, durchschaut, ordnet, kategorisiert und (be)wertet[5]. Die Philosophie nimmt (i) das Ebenmaß, die (größtmögliche) Symmetrie in den Blick und erkennt, (ii) arithmetisch ergänzt mit der Anzahl sowie (iii) geometrisch spezifiziert als kongruent und regelmäßig, Vielecke[6], die – mit Euklid[7] in seinem berühmten Werk *Elemente* (Στοιχεῖα *Stoicheia* XIII 13–17) – auf fünf Typen basieren, den sogen. *Platonischen Körpern*. Damit beschreibt er die harmonische Schöpfungsleistung zu einem Kosmos[8] aus rational zueinandergefügten dreidimensionalen Kombinationen ('Polyedern'[9]) auf der Grundlage der einfachsten Flächenfigur, dem Dreieck.

Ihnen hat sich Platon (ca. 428/427 – 348/347 v.Chr.), Schüler des Sokrates, in einem seiner letzten philosophischen Dialoge[10], aus den 340er Jahren, nämlich in dem schon in der griechischen Zeit (Aristoteles) hoch geschätzten und dann in der lateinischen Überlieferung und später in der mittelalterlichen Welt sehr berühmten und viel konsultierten naturwissenschaftlichen Werk *Tímaios* (Τίμαιος) gewidmet. In dieser grandiosen Literatur zur Natur des Kosmos ordnet Platon den vier Elementen im sinnlich beobachtbaren Leben des Menschen je einen mathematischen Körpertyp zu (XX – XXV [53c – 61c]).

---

1 Griech. ἐπιστήμη *epistēmē*, lat. *cognitio, scientia.*
2 Griech. φύσις *phýsis*, lat. *natura.*
3 Griech. διάνοια *diánoia*, lat. *ratio.*
4 Griech. αἴσθησις *aísthēsis*, lat. *sensus, sensatio.*
5 Griech. νοῦς *nous*, lat. *intellectus.*
6 Die sogen. Polygone, lat. *corpora regularia* (Singular *corpus regularium*). Von griech. πολύγωνος *polýgōnos* 'viel- (πολύς *polýs* 'viel') -winklig', 'vieleckig'; basierend auf γωνία *gōnía* 'Winkel', 'Ecke'.
7 Eukleides aus Alexandria, 4./3. Jahrh. v. Chr. (möglicherweise 360 – 280 v.Chr.).
8 Griech. κόσμος *kósmos* 'Ordnung', 'Einteilung', 'Schönheit', 'Welt' (lat. *mundus, ordo*).
9 Aus πολύς *polýs* 'viel' und und ἕδρα *hédra* '(Sitz-)Fläche', 'Stuhl', 'Sessel'.
10 Dialogisch zwischen Sokratēs, Tímaios, Hermokratēs und Kritias allerdings nur bis V [29d], danach – nach ausdrücklich auffordernder Worterteilung an ihn durch Sokrates – folgen monologische wissenschaftliche Ausführungen des Tímaios – d.h. Platons – bis zum Ende der Abhandlung: VI [29d/e] – XLIV [92c]. – Zum Text vgl. Platon: *Werke in acht Bänden. Griechisch und Deutsch.* Band 7: *Timaios – Kritias – Philebos.* Bearb. v. Klaus Widdra. Darmstadt: Wissenschaftliche Buchgesellschaft [7]2016 (= unveränd. Nachdr. d. 1. Aufl. 1972). 1–210.

Das Oktaeder, also den Achtflächner – mit acht gleichseitigen Dreiecken als Seitenflächen[11] –, zu sehen wie eine Doppelpyramide, weist er – kriteriell begründet – dem Element 'Luft' zu.[12]

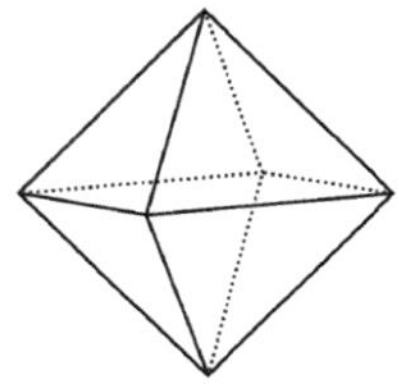

So sind im göttlich willentlichen Entstehungsakt von den kleinsten Elementen bis hinauf zum gewaltigen Weltall, wie Tímaios betont (XX [53b – 56c]) und darin die platonische Naturphilosophie wiedergibt, keine Zufälle oder Willkürlichkeiten vorhanden, vielmehr spiegelt die Schöpfung

- sowohl die Notwendigkeit des Seins (Elemente, hier nun die 'Luft'),
- als auch die Zweckmäßigkeit begrenzt formalen räumlichen Aufbaus (es gibt nur diese fünf regelmäßigen konvexen Polyeder)[13],
- sodann die zwingende mathematische Konsequenz (Dreiecke, Vierecke und deren Regelmäßigkeit) und
- schließlich auch – ganz griechisch – ästhetisch als 'Kosmos': die Schönheit des Zusammenklangs, die Harmonie[14].

Insbesondere die LUFT (ἀήρ *aḗr*, lat. *aer*) erhält in der altgriechischen kategorialen Scharfsinnigkeit noch zwei spezielle, funktionale Aspekte:

- Einerseits den *makroskopischen* Aspekt, der sich auf das Universum oder – wie die Griechen es nannten – den Kosmos, griech. κόσμος *kósmos* 'Ordnung', 'Welt', also der sich auf das Ausgewogene und Funktionierende um und über uns, somit auf die Weltordnung bezog: sie bezeichneten es als αἰθήρ *aithḗr*, lat. *aether*; und

---

11 Griech. ὀκτάεδρον *oktáedron* (aus ὀκτώ *oktṓ* 'acht' [ὀκτά- *oktá-*] und ἕδρα *hédra* '[Sitz-]Fläche', 'Stuhl', 'Sessel'). In Platons *Tímaios* XX [54a – 55 c].

12

FEUER	Tetraeder	**4** gleichseitige Dreiecke,	4 Ecken
ERDE	Hexaeder (= Würfel)	**6** Quadrate,	8 Ecken
LUFT	Oktaeder	**8** gleichseitige Dreiecke,	6 Ecken
WASSER	Ikosaeder	**20** gleichseitige Dreiecke,	12 Ecken

In Platons *Tímaios* XXI [55d – 56c].

13 Tetra-, Hexa-, Okta-, Ikosaeder und Dodekaeder (= KOSMOS: **12** regelmäßige Fünfecke, 20 Ecken).

14 Griech. ἁρμονία *harmonía* 'Verbindung', 'Verklammerung', 'Ebenmaß', 'Übereinstimmung', 'Einklang'.

- andererseits den *menschenspezifischen* Aspekt, der das Leben betrifft, nämlich das Atmen, somit die Lebenskraft, das Wohlfühlen: die Griechen, insbesondere die Stoiker ab etwa 300 v.Chr. (Zenōn d.J. von Kition [Zypern]), nannten dies πνεῦμα *pneuma* 'Atem', lat. *spiritus*.

Die Griechen der Antike haben in ihrer pragmatisch philosophischen Sichtweise seit dem 4. Jahrhundert v.Chr. (Aristoteles) und in ihrer Sprache also schon feinsinnige, bis heute als generell gültig anerkannte Differenzierungen vollzogen:

(1) 'Luft' ist menschenumgebend als PHÄNOMEN,

(2) 'Luft' ist menschennotwendig in der existentiellen FUNKTION des Lebens,

(3) 'Luft' ist menschen-einwirkend, verhaltenssteuernd in der ästhetischen, speziell olfaktorischen WAHRNEHMUNG.

2. Luft im Spektrum von Wahrnehmung

Die drei Aspekte **(1)** bis **(3)** spiegeln eine Verengung wider; sie reicht

- vom selbstverständlich-universalen Erfahrungswissen **(1)** zur
- globalen Erkenntnis **(2)**, die aber in Kulturräumen, Interessensverbänden, Nationen, Völkern, Gesellschaften und Gruppen erst verinnerlicht und vor allem in korrigierendes Handeln umgesetzt werden muss, gerade auch durch verbindliche Gesetze.

Das Jahr 2013 war für die Europäische Union das "Jahr der Luft", wobei das diesen inhaltlichen Anspruch entsprechend repräsentierende Logo oder Programm-Symbol in weiß auf himmelblauem Hintergrund nichts, rein gar nichts Qualitatives, geschweige Programmatisches signalisiert, sondern lediglich eine Metonymie bemüht (*pars pro toto*, Pusteblume und Samenstreu durch Wind und dessen Fähigkeit des Wehens und Wegtragens für den Begriff 'Luft'!); es ging und geht aber nicht um eine selbstverständliche Fähigkeit der Natur, sondern um:

menscheninitiierte, unrechtmäßige, zukunftsuninteressierte, generationsegoistische Probleme, die sich für das Überleben der Welt, für die Zukunft

der kommenden Generationen katastrophal auswirken, nämlich: die konsequente, lebensnotwendige *Reinhaltung der Luft.*
Die hier greifenden Reizbegriffe sind natürlich 'Umweltschutz', 'Saubere-Luft-Kampagne' für die Innenstädte, 'Luftverschmutzung' und das 'Lebensrecht auf saubere Luft' (mit entsprechenden Gesetzen, Richtlinien und Verordnungen der Europäischen Union wenigstens für Europa: CAFE – *Clean Air for Europe*), 'Luft und Ozonloch', 'Weltüberleben', 'Menschenzukunft' und weitere.[15]

- In der Dreierreihe nun als dritten, engsten Aspekt **(3)**: die spezifischen und darin auch erfahrenen, angesprochenen, kommentierten, gelobten oder kritisierten Vorfindungssituationen mit 'Luft und ihrer Qualität und olfaktorischen Einschätzung':
  - vom individuellen erfreuenden, betörenden Geruchserlebnis vor Ort
  - zum üblen Gestank urbanen Lebens vergangener Jahrhunderte, bis dann zu Hygienewissen, Sauberkeitsbewusstsein, Reinigungsverhalten, medizinischem Können, Gesundheitsbildung und öffentlichem Aufklären ab dem späten 19. Jahrhundert und dann, nach den beiden Weltkriegen und nach den Stadtzerstörungen, der Wiederaufbau ab der zweiten Hälfte des 20. Jahrhunderts mit modernen hygienischen Ansprüchen.

Luft wird wahrgenommen, erlebt, erfahren in der ganzen emotionalen Bandbreite

- von Angst (Wirbelsturm, Orkan)
- über beherrschende bzw. regulierbare Nutzung (Antriebswind auf See, Windkraftanlagen) und
- dankbare Erfahrung (kühlende Brise)
- bis zum individuell zart schmeichelnden Erlebnis (Hauch).

Aber die *Emotionen* der Beglückung oder der Ablehnung von Luft werden beherrscht von einem zentralen Sicherungssystem des Menschen, dem Geruchssinn; er lässt den Menschen die Luft sofort einordnen in drei Haupterfahrungen, nämlich in

---

15 In der EU gibt es eine Luftqualitätsrichtlinie vom April 1999, die in der Bundesrepublik Deutschland mit einem Immissionsgesetz seit September 2002 gilt.

- den neutralen Nutzen (Atemluft),
- den erholsam-beglückenden Genuss (Bergluft, Waldduft, Wiese, Meer) und
- die unangenehme, abweisende Begegnung als warnender Impuls zum Handeln: Es riecht verbrannt in der Küche, es herrscht stickige Luft im Bus, im Keller nimmt uns die staubige Luft den Atem, es stinkt nach Gas, und wir alle kennen den Alltagsspruch aus dem Badezimmer 'Mach's Fenster auf, lass Luft herein, der Nächste wird dir dankbar sein'.

Olfaktorisch wahrgenommene Luft vermittelt sich an den Menschen – an die Tiere ja sowieso als instinktleitendes Signal, als appellativer Handlungsimpuls – mit einem Spektrum an Einschätzungen, Wertungen, Beurteilungen, Handlungsfolgen im Laufe der Kulturgeschichte des Zusammenlebens der Menschen als Gesellschafts- oder Gemeinschaftswesen, als – mit Aristoteles (384 – 322 v.Chr.) in seiner Schrift Πολιτικά *Politiká* (I 2 [1253a]; III 6) –: ζῷον πολιτικόν *zôon politikón*, lat. *homo sociologicus*. Hierzu lassen sich aus der jüngeren Forschung drei gesellschaftsrelevante Leit-Aspekte erkennen, die die Geschichte des Geruchs, der olfaktorisch wahrnehmbaren Luft, bestimmt haben:

(1) Die *lebenspraktische* "Einstellung" zum Geruch der jeweiligen Zeit, dessen kulturgeschichtlichen Wandel in der Nase des Menschen der französische Historiker Alain Corbin (geb. 1936) so eindrücklich für die urbane Zivilisation und Hygiene analysiert[16]; oder

(2) die *soziokulturelle* Ordnungsfunktion der Geruchsluft für die Sozialgeschichte und soziale Interaktion, dem sich der deutsche Soziologe Jürgen Raab in seiner Konstanzer Dissertation (1998)[17] gewidmet hat; oder

(3) die *anthropologische* Grundbefindlichkeit, die Annick Le Guérer als "Philosophie der Nase"[18] beschreibt, wobei wir diese mit Parfüm gegen die Natürlichkeit (wieder in einer eigenen Kulturgeschichte des *künstlichen*

---

16 *Le miasme et la jonquille: L'odorat et l'imaginaire social, XVIIIe–XIXe siècles*. Paris: Flammarion 1982 (= Collection "Champs": Histoire. 165). – Dt. Übers.: *Pesthauch und Blütenduft. Eine Geschichte des Geruchs.* Berlin: Wagenbach 1984.

17 *Soziologie des Geruchs. Über die soziale Konstruktion olfaktorischer Wahrnehmung*. Konstanz: UVK-Verlagsgesellschaft 2001.

18 *Les pouvoirs de l'odeur.* Paris: Bourin 1988. Nouvelle éd. revue et augmentée Paris: Odile Jacob1998/2002. – Dt. Übers.: *Die Macht der Gerüche. Eine Philosophie der Nase.* Stuttgart: Klett-Cotta 1992.

Geruchs am Menschen) überdecken und somit eigenmächtig (ein bedeutsamer Begriff in diesem Zusammenhang!) steuern, eben weil Geruch in der Luft so direkt mit Emotion und Psyche verbunden ist.

Dazu scheinen die *positiven* Aspekte deutlich stärker besetzt zu sein, zumal sie ja auch inzwischen durch einen breiten Markt an technischen und chemischen Luftverbesserern unterstützt werden: Frische, Freiheit, Aufblühen, Kraft tanken, wieder "voll da sein", Leistungskraft, Wohlbefindlichkeit, Offenheit des Körpergefühls, Sauberkeit, Gesundheit, Glück, Heiterkeit – sie sind einige jener Konnotationen, die mit guter, sauberer, wohlriechender Luft verbunden werden.

Die Kunstgeschichte bestätigt dies, wenn man die Personen, Situationen und Konstellationen betrachtet, die die Künstler für die 'Allegorie der Luft' wählen, besonders in Barock und Rokoko, gerade hier von allen Seiten ('rundherum') zu betrachten (wie Luft allgegenwärtig zu spüren), im Klassizismus (hier als Bau-Skulpturen, oft als Juno mit Pfau) und im Jugendstil:[19] Beschwingte Heiterkeit, die frohe Seite der aufbauschenden Bewegung, das Genießen des Nichtsichtbaren finden sich hier bei Skulpturen und Gemälden dargestellt.

Ganz anders dagegen die *negativen* Aspekte, sicherlich lebenspraktisch nachvollziehbar: die verbrauchte, stickige, drückende, unangenehm riechende Luft, die einem entgegenschlägt: Man hält sich die Nase zu, es stockt einem der Atem, man ist angewidert, man will rasch fort, den Ort fluchtartig verlassen. Nur hierzu (!) gibt es deutliche Symbole, die

(a) neutral auf die (gequälte) Nase verweisen, aber auch
(b) Abscheu und Ekel charakterisieren, wie Emoticons, schließlich auch
(c) als Appell an Verhaltensweisen, bis hin zu Verboten, dienen und somit helfen sollen, zu einem Besseren der Luftqualitäten hinzusteuern:

---

[19] BAROCK ausgehendes 16. Jahrhunderts bis Mitte der zweiten Hälfte des 18. Jahrhunderts; Rokoko entspricht dem Spätbarock, etwa ab 1720 bis 1770. – Der KLASSIZISMUS folgt dem Barock: ca. 1770 bis Ende der ersten Hälfte des 19. Jahrhunderts, also um 1840. – Der JUGENDSTIL (ART NOUVEAU) blüht um die Wende des 19. zum 20. Jahrhundert und dauert etwa zwei Dezennien in Europa.

3. Luft als olfaktorische Wahrnehmung: der Geruch

'Geruch' als olfaktorisch in der ganzen Bandbreite zwischen

- beglückend, als angenehm wahrgenommener Luft und andererseits als
- verbraucht, unangenehm, störend, belästigend empfundener Luft

hat

(1) individuelle bis gemeinschaftliche (Aus-)Wirkung;

ist

(2) ein komplexes Zeichen von

- Natürlichkeit und
- Künstlichkeit (Parfüm);

und er steht

(3) in allen Funktionen bei und (beziehungsstiftend) zwischen den Menschen:

- als *referentielles*, eher *darstellendes* Phänomen des So-Seins wo auch immer: Natur, Mensch, Stadt, Dorf, Fabrik, Turnhalle, Hörsaal, Omnibus, Fleischerei, Gerichtspathologie, Toilette, Dolmetschkabine usw. (Symbol-Funktion, inhaltliche Information),
- als *appellatives* Mittel, das sich an den Andern, den Gegenüber, richtet und bei ihm etwas auslöst bzw. bewirken soll (Signal-Funktion),
- als *Ausdrucksweise* (*symptomatisches* Mittel) des Menschen, der damit von sich ein Anzeichen, ein Indiz über sich aussendet, so bei eigenen Düften (Symptom-Funktion);[20] und

Geruch wirkt sich aus

(4) auf den/die wahrnehmenden Menschen in dessen Lebens- und Arbeitsprozessen, indem der Geruch – so die frisch-natürliche oder die parfümierte oder die verbrauchte und stickige Luft – in irgendeiner Weise subjektiv und objektiv auf die Arbeit Einfluss nimmt.

---

[20] Unschwer erkennt man hier die drei Sprachfunktionen 'DARSTELLUNG', 'APPELL' und 'AUSDRUCK' des Sprachzeichens, das sich dementsprechend bezieht auf 'die Welt', 'den Empfänger' und 'den Sender'. Der deutsche Psychologe und Sprachtheoretiker Karl BÜHLER (1879 – 1963) hat sie bekanntlich mit seinem *Órganon*-Modell vorgestellt in: *Sprachtheorie. Die Darstellungsfunktion der Sprache.* Jena: G. Fischer 1934. (2., unveränd. Aufl. mit einem Geleitwort v. Friedrich Kainz. Stuttgart: G. Fischer 1965).

Handelt es sich um schlechte, verbrauchte Luft, wird man davon ausgehen können, dass das Arbeiten belastet ist, dass die Konzentration beeinträchtigt wird, dass der Leistungswille nachlässt, dass das druckvolle Engagement einbricht, dass die Arbeitsqualität verliert, gerade auch dann, wenn es sich um hochqualifizierte Arbeit, mit optimaler Konzentration durchzuführende Leistung handelt.
Dass das Dolmetschen mit seinen vielen Kompetenz-Anforderungen in besonderer Weise hierzu gehört, bedarf nicht mehr einer grundsätzlichen Diskussion.[21] Das ist geklärt. Was aber eben noch nicht geklärt ist, sind die Arbeitskontexte des Dolmetschens gerade unter dem Aspekt der arbeitsunterstützenden Luftqualität, erst recht in der Dolmetschkabine.

4. Luft im Beruf

4.1. Hier nun, bei dem gerade erwähnten, letztgenannten Aspekt **(4)** der produktqualitativen Auswirkung auf berufliche Arbeitsprozesse, lässt sich unter den vielen Möglichkeiten, bei denen Luftqualität und Arbeitsqualität in unmittelbare Beziehung gebracht werden können, die berufliche Zwangssituation des Dolmetschens in der Dolmetschkabine anführen.

Es ist allgemein, auch arbeitsmedizinisch, bekannt, dass die Qualität der Atemluft sich entscheidend auf die Qualität der Arbeit vor Ort auswirkt. Schlechte, erst recht durch Geruchsbelästigung[22] verschlechterte Luft durch künstliche Belüftungssysteme, durch (oft defekte) Klimaanlagen oder durch stickige Räumlichkeiten beeinträchtigt das Wohlbefinden der eintretenden bzw. anwesenden Menschen, sei es

---

21 Dazu Hartwig Kalverkämper: "Das wissenschaftstheoretische Paradigma der Translationswissenschaft und ihr gesellschaftlicher Kontext." In: Kalverkämper, Hartwig / Schippel, Larisa [Hrsg.] (2009): *Translation zwischen Text und Welt – Translationswissenschaft als historische Disziplin zwischen Moderne und Zukunft.* Berlin: Frank & Timme. (= TRANSÜD. Arbeiten zur Theorie und Praxis des Übersetzens und Dolmetschens. 20). 65–114, hier 86–89.
Vgl. auch Hartwig Kalverkämper: "Translation – Anforderungen an eine Inter-Kunst." In: Rega, Lorenza / Magris, Marella [Hrsg.] (2004): *Übersetzen in der Fachkommunikation / Comunicazione specialistica e traduzione.* Tübingen: Narr. (= Forum für Fachsprachen-Forschung. 64). 21–73.

22 In diesem anschaulichen deutschen Begriff steckt 'die Last' (die zu [er-]tragen ist)!

- krankheitsfördernd wegen Allergien, Austrocknung der Schleimhäute, Erkältungen, Verkühlungen der Stirnhöhlen usw., oder sei es auch, weil
- die (schlechten) Luftverhältnisse die Aufmerksamkeit und Vitalität bei anfallenden Leistungsanforderungen vermindern.

Das Bestreben der Menschen nach "frischer Luft", nach "natürlicher Belüftung", nach "Außenluft" – eben nach dem Selbstverständlichsten des Atmens: nämlich nach lebensbeglückender, nicht nur lebenserhaltender Luft – ist auch im technologischen und baukompakten Zeitalter der Klimaanlagen für innenliegende Räume seit der zweiten Hälfte des 20. Jahrhunderts und nun im 21. Jahrhundert ungebrochen. Luft, frische Atemluft, wird auch weiterhin selbstverständlich als Grundbedarf des Menschen angesehen.

Von daher wirken Abluftsysteme und (meist irgendwie doch unangenehme) Frischluftzufuhr-Systeme menschenfeindlich, ja unmenschlich, naturfeindlich, weil nicht dem Urbedarf des Menschen entsprechend, sondern einfach nur der Atemnotwendigkeit zum Überleben mit genügend Sauerstoff geschuldet – eine Diagnose der inzwischen erreichten technischen Inhumanität und, mit dem weiter fortschreitenden Ausbau fensterloser und innenliegender Räume seit der zweiten Hälfte des 20. Jahrhunderts[23] und erst recht auch eine Diagnose des fragwürdigen Siegs von (finanzieller) Ökonomie und pragmatischer Effizienz über das naturgebundene Leben und seine existentiellen Bedarfslagen.

Umso schlimmer dann aber noch, wenn solche technischen Hilfsmittel tatsächlich schlecht arbeiten oder ausfallen oder sogar, auch das gibt es, gar nicht vorhanden sind.

Das Katastrophale einer solchen Situativik im Privatleben (Wohnung mit sogen. "innenliegenden" Räumen) wie auch bei der Berufsausübung (Arbeits-Großräumlichkeiten ohne bzw. mit nicht ausreichender Belüftung) ist schon ohne Wissenschaft physiologisch nachvollziehbar, denn die Alltagspragmatik spricht ständig lebensnah davon, dass man "an die frische Luft gehen" oder "lüften" und

---

[23] Man vergleiche nur den Bau von Krankenhäusern bis 1940 mit dem Neubau von Krankenhäusern seitdem bis in die heutige Zeit. Ebenso die Topographie von Bad und Toilette in sogen. Altbauten mit Außenfenstern und dagegen in Neubauten: innenliegend mit Ventilator und künstlicher Luftzufuhr bzw. luftabführendem Rohr.

"die Fenster aufreißen" oder mal "ins Freie hinaus" müsse, um besser denken, schlafen, arbeiten, leben, genießen zu können, also sich einfach besser zu fühlen, sich in Kopf und Brust zu "befreien" und daraus dann auch bessere, aufmerksamere, konzentriertere, engagiertere, eben effiziente und qualifizierte Arbeitsleistung erbringen zu können.

Dies spielt – über den Alltag und seine Erfordernisse hinaus – insbesondere für jene Berufe in geschlossenen Räumen eine sehr entscheidende Rolle, in denen eine hohe Aufmerksamkeit die ebenfalls hohen Ansprüche an die Professionalität des Denkens und Handelns bestimmt, so bei Piloten und Fluglotsen, bei Operateuren, bei Dolmetscherinnen, bei Laborarbeitenden, bei Richtern und anderen Innenraum-Arbeitenden, sowie generell bei Prüfungssituationen; aber auch für die manuellen Arbeitsprozesse wie bei Bergleuten, Näherinnen, Textilarbeitern, Zuschneiderinnen, Webern u.a. (wobei die stickigen Arbeitsverhältnisse dieser einfacheren sozialen Kontexte insbesondere aus Asien – Indien, China, Bangladesh, Kambodscha, Myanmar [Birma, Burma] u.a. – als erschrekkendes Globalisierungsergebnis hoch negativ bekannt sind).

4.2. Vor diesem Hintergrund mag es vielleicht eine schmale Facette sein, sich mit den Arbeitsbedingungen einer **speziellen Berufsgruppe** zu beschäftigen, zumal diese als qualifiziert, studiert, gebildet, kompetent, breit interessiert, clever und flexibel gilt (und dies auch völlig zu Recht), nämlich mit den Dolmetscherinnen und Dolmetschern, und hier insbesondere mit denen, die beim Konferenzdolmetschen oder Kabinendolmetschen in ihren beengten Räumlichkeiten sitzen und die Qualität ihrer dortigen Atemluft beklagen, die in ihrer Verbrauchtheit, Abgestandenheit, Unfrische und Geruchsbelästigung eine qualifizierte translatorische Arbeit behindert. Diese Facette dient aber – möglicherweise mit anderen – dazu, die Thematik stärker in den Blick zu rücken und sie in den Fokus verändernden Handelns, bewussten Wirkens zu einem Besseren zu lenken. Und viele kleine Schritte ergeben dann für die Berufsausübungen den

- reformerischen Druck, der
- Veränderungen auch politisch erzwingt und
- arbeitspraktisch das Wohl der Betroffenen ermöglicht.

5. Die vorliegende Arbeit: Einordnung und Gewichtung

5.1. Thema 'Berufsausübung und Luftqualität'

"Schlechte Luft" in der Dolmetschkabine wirkt sich lähmend auf die Dolmetschleistung aus, und das besagt: die Dolmetscherin[24] wird extern eingeschränkt in ihrer Berufsausübung und so beeinträchtigt in der Qualität ihrer Dolmetschleistung.[25]

Das Dolmetschen in der Dolmetschkabine

- ist nicht nur eine technologische Herausforderung, nicht nur eine räumliche (eine sogen. pseudo-proxemische, sogar klaustrische, also das Eingeengtsein betreffende) Problematik,
- und es ist nicht nur eine individuell-beruflich belastende, weil Konzentration, fachliche Kompetenz, Wissenshintergrund, geistige Präsenz verlangende, ja voraussetzende Aktivität,
- sondern es verlangt auch technologische Entwicklungs- und Zusammenarbeit bei den technischen Hilfsmitteln und Voraussetzungen dieses Berufes.

Die Dolmetscherinnen sitzen beim Kabinen-Dolmetschen in Kleinräumen, deren Luftgehalt für ein effizientes Arbeiten qualitativ nicht zuträglich ist, wenn man sich längere Zeit in der Kabine aufhält.

Arbeitspraxis, Arbeitsumstände, Arbeitsqualitäten und die daraus ableitbaren Qualitäten der Arbeitsleistung (Translat), hier also: der Dolmetschqualität, sind eine wichtige Bedingungsgemeinschaft. Ihr widmet sich die Autorin Daniela Eichmeyer in dem vorliegenden Buch.

---

24 Ich wähle hier nach mehreren Dekaden aktiver translationswissenschaftlicher Ausbildung an der Universität ganz angemessen die feminine Form generell.

25 Ganz abgesehen von gesundheitlichen Belastungen.

5.2. Qualifizierte Translation (Dolmetschen) in qualitätsreicher Arbeitsluft: ein interdisziplinärer Zugriff

5.2.1. Das Dolmetschen wurde lange Zeit als eher kleine Schwester des Übersetzens angesehen und auch wissenschaftlich so behandelt.[26] Erst in den letzten Dekaden hat sich durch gezielte Forschung und qualitätsvolle Analysen eine Dolmetschwissenschaft neben der schon länger etablierten und sich machtvoller in Szene setzenden Übersetzungswissenschaft behaupten können, sogar institutionell eingerichtet durch entsprechend fokussierende Beschreibungsmerkmale einschlägiger Professuren.

Dazu liegt ein breites Spektrum von dolmetscherisch spezifisch zu beachtenden Aspekten im Blick: die Techniken, die Ansprüche, die Qualität, die kulturellen Voraussetzungen, die Körpersprache und sozialen Kompetenzen, die situativen Gegebenheiten vor Ort – seien sie die Mitmenschen, die Räumlichkeiten, die Technik, die Lautstärke und die Schnelligkeit u.a. –, um nur die offensichtlichsten zu nennen. Ihnen allen ist die Aufmerksamkeit von (Dolmetsch-)Wissenschaft, technischer Forschung und Entwicklung, Ausbildung (Dolmetsch-Didaktik) und konkreter Ausübungspraxis (berufliche Anwendung) inzwischen sicher. Hier hat sich die wissenschaftliche Aufmerksamkeit bisher stark der dolmetscherischen Tätigkeit, dem translatorischen Handeln–in–Situation, dem Ausüben und dem entstehenden bzw. entstandenen Ergebnis zugewandt.

Dabei sind die *Bedingung*skontexte der Dolmetscharbeit, die Entstehungs*bedingungen*, aus dem analytischen Blick geraten, wenngleich gerade sie es sind, die die Qualität des Resultats mitbeeinflussen. Hier bekommt die Ortung der Translationswissenschaft als 'Angewandte' Disziplin ihre deutliche Rechtfertigung.[27] Und gerade sie sind es auch, die die Kompetenz der Dolmetsche-

---

26 Vgl. die Darstellung Hartwig Kalverkämper: "Entgrenzte Kommunikation. Übersetzen und Dolmetschen in der globalisierten Welt." In: Kalverkämper, Hartwig / Schippel, Larisa [Hrsg.] (2012): *"Vom Altern der Texte." Bausteine für eine Geschichte des interkulturellen Wissenstransfers.* Berlin: Frank & Timme. (= TRANSÜD. Arbeiten zur Theorie und Praxis des Übersetzens und Dolmetschens. 45). 39–84.

27 Dazu Hartwig Kalverkämper: "Translationswissenschaft als integrative Disziplin." In: Gerzymisch-Arbogast, Heidrun / Gile, Daniel / House, Juliane / Rothkegel, Annely [Hrsg.] (1999): *Wege der Übersetzungs- und Dolmetschforschung.*

rinnen und Dolmetscher stark beeinflussen können, indem gute, ja optimale Arbeitsbedingungen das Leistungsvermögen beheben oder aber indem schlechte Rahmenkonstellationen die Konzentration und die Leistungsfähigkeit beeinträchtigen; sie haben somit Wirkung auf die Qualität des Dolmetschhandelns und des Dolmetschergebnisses: verbrauchte Luft schafft Konzentrationsschwächen, Müdigkeit, Schlaffheit, Unengagiertheit.

Daniela Eichmeyer hat selbst erfahren, dass gerade die Luft – die verbrauchte mit hohem Anteil an Kohlendioxid (CO_2) oder die frische, sauerstoffreiche Atemluft – in der Dolmetschkabine ein wichtiger Mit-Faktor für gelingende Dolmetschleistung ist. Diese Erfahrung ist unmittelbar einzusehen. Sie ruft nach Thematisierung, Problematisierung, technischer Fokussierung.

Die vorliegende Arbeit widmet sich ausschließlich diesem virulenten Problem: Leistungsermöglichende Frischluft für die Dolmetscherin in der ansonsten als stickig, abgestanden, luftverbraucht wahrgenommenen Dolmetschkabine. Dahinter steht als qualitativer Anspruch: die nur so – mit Recht – leistbare erwartete Qualität der Verdolmetschung.

Daniela Eichmeyer hat hierzu mit ihrer vorliegenden Arbeit eine wichtige Bewusstmachung der Arbeitskontexte, der Dolmetschbedingungen, geboten. Denn immerhin ist Dolmetschen eine hochqualifizierte, eine in spezifischen Bedingungen hochkonzentrierte geistige Leistung, die alle Anerkennung verdient und auch prinzipiell ja von den VertreterInnen der Zunft verantwortungsvoll und bestmotiviert erbracht wird.

Die Autorin deklariert schon früh, eingangs, die Thematik als eine praxisbezogene, ja praxisbestimmte. Dazu dürfte die Dreiecksbeziehung von

(1) Luftqualität in der Kabine und
(2) Konzentrationsqualität der Dolmetscherin und
(3) Translatqualität,

also letztlich die Konstellation im Kommunikationsmodell von

(1*) (Arbeits-)Situation, situativem Kontext und
(2*) DolmetscherIn sowie

Tübingen: Narr. (= Jahrbuch *Übersetzen und Dolmetschen* der Deutschen Gesellschaft für Übersetzungs- und Dolmetschwissenschaft. 1). 55–76.

(3*) Text / Translat

deutlich evident und jedem auch schon als Alltagserfahrung präsent sein:

Es geht zwar um

- einen Text (3**)
- von jemandem (2**)
- in einer (spezifischen) Kommunikationssituation (1**),

aber nun noch bereichert um die bislang überhaupt nicht wahrgenommene und auch in der (Translations- / Dolmetsch-)Wissenschaft nicht berücksichtigte Dimension der

(4) Arbeitsbedingung(en) für die DolmetscherIn.

Diese sind erheblich mitbestimmend für die dolmetscherischen Abläufe, weil sie eben auf die Leistungserbringerin, die Dolmetscherin, eine prinzipielle Wirkung ausüben. Und diese wiederum spiegelt sich qualitativ in dem Leistungsresultat – dem Translat – der Dolmetscherin.

Von daher haben wir hier ein Thema des *praktizierten* Dolmetschprozesses, das gleichsam endlich mal als Dilemma eigens angesprochen wird, mit fundierten empirischen Grundlagen und einer Handvoll von Lösungswegen, die ihrerseits vernetzt werden mit etlichen technischen, normenbezogenen und pragmatischen Konstellationen mit ähnlichen Herausforderungen.

5.2.2. Die Thematik ihrerseits verlangt einen **interdisziplinären** Zugriff, bei dem Medizin, Chemie und prinzipiell die (qualitative) Evaluation im dolmetschpraktischen Blickfeld stehen.

Und in diesem wichtigen Zusammenhang spielt dann die *Chemie* eine deutlich fokussierte Rolle, indem die Luft als geruchs- und geschmackloses Gasgemisch aus hauptanteilig (etwas mehr als zwei Dritteln) dem Element STICKSTOFF (N) und (etwa einem Fünftel) SAUERSTOFF (Elementensymbol O) definiert wird. Zusammen mit dem *biologischen* Prozess der Atmung (Gasaustausch) und den *physiologischen* Abläufen von Oxydation, Freisetzung von Energie und Abgabe (d.h. Ausatmung) von Kohlenstoffdioxid (als Abbauprodukt der organischen Stoffe) beteiligt sich zu diesem Thema 'Atmen' ein Netzwerk sich überschneidender oder eng benachbarter Disziplinen mit ihren je spezifischen Erkenntnissen.

Hier steht das KOHLENSTOFFDIOXID (CO_2, auch KOHLENDIOXID genannt, falsch auch als KOHLENSÄURE bezeichnet wie in Sprudelgetränken) im Zentrum der Interessen, wenn es um das Wohl des Menschen geht; denn das CO_2 hat beeinträchtigende Auswirkungen auf den Menschen, die sich bis hin zu einer Kohlendioxid-Vergiftung erstrecken können und vor diesem traurigen Ende eine Reihe spezifischer Symptome durchläuft, die die Konzentrations- und Leistungsfähigkeit betreffen (wie Kopfschmerzen, Schläfrigkeit, Schwindel, Kurzatmigkeit, Eintrübung des Sehvermögens, Verminderung der Hörgenauigkeit, Schwitzen, muskuläres Zittern, gesteigerte Herzfrequenz und erhöhter Blutdruck).

Das bietet insgesamt ein negativ beeindruckendes Einflussbild von verbrauchter Luft für eine qualifizierte Arbeit, die ihrerseits vielmehr höchste Konzentration und ernst zu nehmende Verantwortung für Inhalte (mögliche rechtliche Konsequenzen!) sowie volle Kompetenz bei der Leistungserbringung (insbesondere bei interkulturell divergenten Herausforderungen) verlangt.

Daniela Eichmeyer hat diese in ihrem Forschungsbericht aus den *Naturwissenschaften* und den *arbeitsbezogenen Sozialwissenschaften* (wie Arbeitsmedizin) zusammengestellt und bewertet. Der Leitbegriff lautet dazu stets: 'Luftqualität', wobei hier ein möglichstes Optimum für den arbeitenden Menschen angestrebt wird.

5.3. Technologisch-empirische Konsequenzen und technische Anforderungen

Daniela Eichmeyer wirft diese Interdisziplinarität auf, indem sie betont, dass das Resultat, die Dolmetschleistung in der Kabine, ihrerseits ein Konglomerat aus zusammenspielenden Faktoren des Gelingens bzw. – in Bezug auf die Luftbedingungen – durchaus auch des beeinträchtigten Dolmetschens, bis hin zum Resultat des Misslingens, darstellt.

Da eine Kabine als Leistungszelle, erst recht in einer Reihe benachbarter Kabinen, nicht einfach mal offen stehenbleiben kann während eines Kongresses mit Translationshilfe, stellt sich hier auch eine technologische Herausforderung ('Belüftung' – und zwar in angemessener Sauberkeit, d.h. in frischer bzw. gereinigter [also gefilterter] Qualität), die dann technisch bewältigt sein will.

Daniela Eichmeyer bietet hierzu, auch mit eigenen Erhebungen und Lösungsvorschlägen, verschiedene Vorgehensweisen und Zielvorstellungen an, die von der technischen Innovationskunst aufgegriffen und gelöst werden sollten. Dagegen lehnt sie spontane Vor-Ort-Ideen und angewandte Not-Praktiken zur Lösung einer kurzfristigen Verbesserung der schlechten Luftsituation in den Kabinen völlig zu Recht ab.

Eine konzertante Lösung zwischen Technik (technischer Innovationskunst) und Dolmetschpraxis, Arbeitsmedizin und Chemie wäre hier anzustreben. Darin können Wissenschaft, Praxis und Technik in durchaus als kongenial zu bezeichnender Weise ineinander greifen; es ist ein Geben und Nehmen, letztlich mit dem Zweck, die berechtigten und notwendigen Leistungsansprüche einer Disziplin – der Dolmetschwissenschaft und ihrer Praxis, des Dolmetschens in der Kabine – zufriedenzustellen, und mit dem Ziel, dafür die notwendigen Arbeitsbedingungen optimal zu gestalten. Und dazu gehört nun einmal das Lebenselixir 'Luft' des Menschen und der (aeroben) Tiere, das seit den Anfangszeiten menschlicher Reflektion seine Wertschätzung im Leben und im Denken erfahren hat.

5.4. Evaluatives Ziel: Qualität im Fokus

5.4.1. Daniela Eichmeyer lässt sich für ihre Erfahrungen und Analysen aus der (durchaus nicht komfortablen) Dolmetsch-Praxis von dem modernen Zentralbegriff translatorischer Arbeit leiten, nämlich dem der **Qualität**.[28]

Dieser zeigt sich auch hier wieder als ein Kondensationsbegriff, indem die Denk- und Handlungstrias von <Anspruch – faktische Wirklichkeit – Zukunftsperspektive>, also letztlich von <Gegenwartszustand und (zumindest projektierter) optimierender Entwicklung> prinzipiell und aufregend zusammenfließen. Zudem gehört der Begriff 'Qualität' ja auch vielen, wenn nicht allen Disziplinen,

[28] Das Thema 'Qualität' begleitet die Autorin schon seit vielen Jahren:
Sie hat in den Jahren 2000 bis 2002 einen Masterstudiengang 'Qualitätsmanagement' in Bogotá (Kolumbien) absolviert und hat dann als Consultant (eigene Firma) für Unternehmen und Ministerien gearbeitet (Vorbereitung, Konzeption und Einführung von QM-Systemen).
Von daher rührt sicherlich auch ihr fundiertes Verständnis für die ISO-Normenwelt.

und so bringt die vorliegende Arbeit auch über diesen das interdisziplinäre Format ein, ohne das die Dolmetschwissenschaft und ihre Angewandtheit, die Dolmetschpraxis, sowieso nicht effizient arbeiten würden.

5.4.2. Der Begriff sei auch kurz auf **die vorliegende Arbeit** selbst gewendet: Auch wenn es sich hier "nur" um eine Masterarbeit handelt, haben wir sie nach Prüfung des Textes in die erfolgreiche translationswissenschaftliche und übersetzungs- wie dolmetschpraktische Reihe *TRANSÜD* (*Arbeiten zur Theorie und Praxis des Übersetzens und Dolmetschens*) aufgenommen. Denn bei dieser Arbeit, so sollte man erkennen, hat die Dolmetsch*wissenschaft* ihren Elfenbeinturm verlassen und sich dann über die Dolmetsch*praxis* gleich eine Klage zu deren Arbeitsbedingungen, genauer: zu den Arbeitsbeeinträchtigungen eingefangen:

Solche Themen der *unmittelbaren, direkt-praktischen Arbeitskontexte* finden sich zwar immer mal wieder beiläufig als wichtige Konstituenten dolmetscherischer Arbeit erwähnt, aber es fehlt jede wissenschaftliche Analyse, die sich mit den Problemen der unmittelbaren Praxis eingehend beschäftigt; und wenn doch, wie der Forschungsbericht von Daniela Eichmeyer zeigt, etwas vorhanden ist, dann lediglich "über den Umweg der Arbeits(un)zufriedenheit", wie sie zu Recht schreibt.

Die vorliegende Arbeit ist zu verstehen als Vorreiter in einer dolmetschpraktischen Lage vielstimmigen Beklagens von spezifisch ungünstigen Arbeitsbedingungen, aber diese Artikulationen haben offenkundig noch nicht das notwendige Gehör gefunden. Diese Arbeit soll also wirken wie ein Eisbrecher: Befreit von umklammernd-trägem Packeis bekannter Fragestellungen und beladen mit druckvollem Groll über die berufspraktische Wirklichkeit, weist sie auf die konkreten Hemmnisse und die das dolmetscherische Arbeiten beeinträchtigenden Probleme hin. Dies soll mit dieser Publikation in *TRANS ÜD*, immerhin einer thematisch einschlägigen Reihe, die inzwischen weithin in der Zunft als *das* führende Artikulationsorgan der Translationswissenschaft und der translatorischen Praxis wahrgenommen wird, deutlich unterstützt werden.

Es ergibt sich dadurch wünschenswert ein Anstoß, die Zusammenarbeit zwischen

- *Dolmetschwissenschaft* (insbesondere Qualitäts-Evaluierung) und ihren arrondierenden (Natur-)Wissenschaften mit der
- *Dolmetschpraxis* vor Ort, im situativen Ablauf (dem "dolmetscherischen Handeln"), und schließlich mit der
- *Technik* (Kabinenbau, Übertragungstechnik, Mikrophone, Lüftung) und *Innovations-* bzw. *Optimierungstechnologie*

auf jeweils Augenhöhe zu pflegen und zu intensivieren.[29]

Dieses gegenseitige Bedingungsgefüge, gleichsam als Handlungskreislauf in einen Fortschritt der Professionalität hinein, wird mit der hier vorgestellten Thematik transparent und sollte dementsprechend zum kreativen Weiterdenken anregen. Mit anderen Worten: Die vorliegende Arbeit – die kritische Untersuchung der (schlechten) Luftverhältnisse im kleinen Hochleistungsraum einer Dolmetschkabine – reizt dazu, weitere berufspraktische Problemzonen des konkreten Dolmetschens aufzuzeigen und geeignete Analysen anzuschließen:

Daniela Eichmeyer sieht hier über das Problem der Luftqualität hinaus auch Einflussfaktoren wie 'Temperatur', 'Luftfeuchtigkeit' und 'Luftgeschwindigkeit' als Probleme, und natürlich kann man noch Aspekte wie <Ergonomie des Sitzmöbels, die Beinfreiheit, die Höhe des Pultes vor sich, die räumliche Bequemlichkeit, die Schallqualität und Steuerbarkeit der Kopfhörer u.a.> mit einbeziehen. Diese vorliegende Arbeit gehört somit zu den stets unvollendeten[30], darin aber immer sehr zeitgemäßen und dem handelnden Menschen direkt nahe stehenden dynamischen Darlegungen der dafür zuständigen Gattung (oder Textsorte) des griechischen Πρακτικόν *Prāktikón*[31].

---

29 So hat ihre hier erhobene Forderung nach CO_2-Monitoring Eingang in die neue (2016) Norm für Dolmetschkabinen gefunden: Es wird nun, wie Daniela Eichmeyer schreibt, nach der neuen Norm für mobile Kabinen der Einbau von CO_2-Messgeräten/Sensoren verpflichtend; in ortsfesten kann das entfallen, aber nur, wenn eine hundertprozentige Frischluftzufuhr (entsprechend gefiltert) sichergestellt ist. Das darf die Autorin als einen schönen persönlichen Erfolg verbuchen, zumal ihre Masterarbeit bei einer einwöchigen Sitzung des Technischen Komitees im Juni 2015 in Matsue (Japan) grundlegend verwendet wurde.

30 Nach dem Motto: 'Am Objekt – hier: an einer funktionierenden Dolmetschkabine – kann man immer noch was verbessern, es gibt immer noch was zu optimieren.'

31 Partizip Perfekt Passiv, als Adjektiv im Neutrum; 'auf das Handeln gerichtet', 'geschickt', 'bezogen auf das praktische Ablaufen', 'wirksam'. – So gehören auch die Notationstechnik, das Notizen-Machen, die Kunstfertigkeit des Memorierens,

Somit bestimmt sich auch der Stellenwert dieser Publikation innerhalb der Disziplin als Aufarbeitung *praktischer* Probleme mit ihren Folgen für die Qualität der Dolmetscharbeit, zugleich aber auch als Weckruf für ein Interesse an direktpraktischen Themen, die in größerem Zusammenhang gesehen (wie hier: Luftqualität und Translatqualität) und (dolmetsch-)wissenschaftlich, sogar interdisziplinär begleitet werden.[32]

Solche den Blick erweiternden Impulse bezeugen natürlich auch die Dynamik der Disziplin, die Kreativität ihrer Forscherinnen und Forscher, die Entwicklungskräfte und Potenzen für Fortschritt und Optimierung, oder, wie es modern heißt: von *Science in progress* durch die Gemeinschaft von <Praxis und Wissenschaft>, von <Angewandtheit und Theorie> eben. Und genau das ist es, was die vorliegende Arbeit beflügelt und mit Jungforscherin-Drang beseelt. Nur so werden Innovationen angestoßen, Veränderungen im fachlichen Handeln bewirkt, ein Besseres im Berufsleben erreicht. Und ebendies ist die Intention von Daniela Eichmeyer.

Ihr ein Forum dafür ermöglicht zu haben, diese *praxiskritischen* Hinweise in Gang zu bringen, ist das Movens der vorliegenden, wissenschaftlich attraktiven, der Disziplin sehr nützlichen und für die Praxis verdienstvollen Publikation.

---

das kommunikative Umgehen mit digitaler Übertragungstechnik als Textsorten hierzu, nicht zuletzt, im Gesamt von sozialer oder interaktiver Translationskompetenz, auch die Akquise (Auftragseinwerbung), das Errechnen von translatorischer Leistungserbringung, das Rechnungstellen. In der Textsorten-Typologie sind dies, ganz analog zum Griechischen, die Gebrauchs- (oder auch Zweck-)texte bzw. Gebrauchstextsorten des Alltagsablaufs, aber auch des beruflich-fachlichen.

32 Daniela Eichmeyer berichtet von bereits fachinteressierten Anschluss-Aktivitäten: Es gibt ein (von der AIIC finanziertes und von Klaus Ziegler ebendort im Technischen Ausschuss koordiniertes) Forschungsprojekt mit dem Ziel, die praktische Umsetzung der optimalen Zufuhr von Atemluft – wie von Daniela Eichmeyer hier vorgeschlagen – zu testen.
Die DIN-Ergebnisse (Aktualisierungen zu den Normen für ortsfeste und transportable/mobile Dolmetschkabinen) sowie die neu entwickelte Norm zur technischen Ausrüstung von Simultandolmetsch-Kabinen für die Hersteller und Verleiher und sogar für die Architekten von Veranstaltungsräumen kann man konsultieren unter der URL: *https://aiic.de/press/din-konferenzdolmetschen/*
Es bewegt sich also etwas, und daran haben wissenschaftliche Bewusstmachungs-Arbeiten wie die hier vorgestellte entscheidenden Anteil, der von den Berufsausübenden dankbar für ihre qualitätsvolle Arbeit zur Kenntnis genommen wird.

Daniela Eichmeyer

Luftqualität in Dolmetschkabinen als Einflussfaktor auf die Dolmetschqualität. Interdisziplinäre Erkenntnisse und translationspraktische Konsequenzen

1. Einleitung

Die vorliegende Studie hat zum Ziel, einen Zusammenhang zwischen der Luftqualität in der Dolmetschkabine und der Qualität der Dolmetschleistung herzustellen sowie mögliche Ansätze zur Verbesserung aufzuzeigen.

Das Thema Qualität ist in der Dolmetschwissenschaft bereits vielfach von verschiedenen Seiten behandelt worden, aber bisher konnte keine allgemein akzeptierte Definition der Dolmetschqualität gefunden werden.

Eduardo Kahane stellt im Untertitel seines Artikels für die AIIC die etwas provokant formulierte Frage "*¿Existe* ***de verdad*** *un consenso sobre qué es esa calidad, los criterios que la definen y su modo de valorarlos objetivamente?*" Also: "Gibt es **wirklich** einen Konsens darüber, was diese Qualität ist, die Kriterien, die sie definieren und die Art diese objektiv einzuschätzen?" (Kahane 2000; Hervorhebungen der Autorin, Übersetzung der Autorin).

Es scheint einzig und allein Konsens darüber zu herrschen, dass es (bisher) kein einheitliches Konzept von Dolmetschqualität gibt. Das mag auch daran liegen, dass "Qualitätsstandards kontextgebunden [sind] und demnach von Subkultur zu Subkultur unterschiedlich" sind (Zwischenberger 2013:114).

Qualität ist kein Selbstzweck, auch nicht im Bereich (Simultan-)Dolmetschen, sondern ein wichtiger Beitrag zur internationalen Verständigung, denn *"poor interpreting can plunge negotiations into a state of confusion and tension, sometimes even triggering hostilities"* (Kalina 2002:121).

Die Versuche, Dolmetschqualität zu definieren, führten zu einer langen Liste von Qualitätsmerkmalen wie zum Beispiel Stimmung (vgl. Behr 2013), Stimme (vgl. Iglesias Fernández 2011), Intonation (vgl. Barranco-Droege et al. 2011), Flüssigkeit (vgl. Pradas Macías 2011), Diktion (vgl. Blasco Mayor 2011), logische Kohäsion (vgl. Jiménez Ivars 2011) oder korrekte und vollständige Sinnübertragung (vgl. Nobs et al. 2011), um nur einige zu nennen.

Im Dolmetschprozess gibt es viele Einflussfaktoren von großer Bedeutung, die gleichzeitig auch noch vom Kontext und der Kommunikationssituation abhängen (vgl. Kalina 2004).

Daher ist es sehr schwierig und bisher auch nicht gelungen, alle bekannten Qualitätsmerkmale so zu berücksichtigen, dass man dadurch zu einem einheitlichen Konzept der Dolmetschqualität kommen könnte:

> *"Die Beobachtung und Beschreibung von Dolmetschleistungen unter dem Blickwinkel ihrer Qualität und unter Einbeziehung aller Faktoren, die diese Qualität ausmachen, ist nach wie vor ein Problem der Dolmetschwissenschaft."* (Kalina 2004:4)

Um diese Qualität zu gewährleisten, sind unter anderem angemessene Arbeitsbedingungen erforderlich, um die sich die Dolmetscher[1] schon früh bemüht haben (vgl. Kalverkämper et al. 2008:248 f.), aber deren Bedeutung erst in den 80er und 90er Jahren des vorigen Jahrhunderts erkannt wurde (vgl. Kalina 2004:4). Das frühe Engagement für die Anerkennung von Mindestbedingungen (besonders in der Kabine), dürfte ein Indiz dafür sein, dass die Arbeitsbedingungen in einem Zusammenhang mit der Qualität von Dolmetschleistungen betrachtet werden können (vgl. ebd.). Dieser Ansatz wird auch hier vertreten und auf einen der Faktoren der Arbeitsbedingungen, nämlich die Luftqualität und dabei im Besonderen die CO_2-Konzentration, heruntergebrochen und behandelt.

Im Rahmen dieser Studie wird das prozessorientierte Qualitätskonzept im Sinne der internationalen Norm ISO 9001 angewendet.

Der Auslöser, das Thema Luftqualität zu behandeln, war eine Übungskonferenz im Rahmen der Ausbildung des Masterstudiengangs Konferenzdolmetschen, bei der ich schon nach wenigen Minuten die Luft in der Kabine als sehr verbraucht wahrnahm. Ich bemerkte, dass der Sensor, der die Lüftung auslösen sollte, abgedeckt war. Meine Kommilitoninnen hatten die Angewohnheit, diese Sensoren zu deaktivieren, da sie sich vom Lärm der Lüftung stark gestört fühlten.

Daraufhin begann ich mit erfahrenen Kollegen darüber zu sprechen, und stellte sehr bald fest, dass die Problematik "schlechte Luft in der Kabine" ein ständig

---

1 Zugunsten der besseren Lesbarkeit wurde in dieser Arbeit auf die gleichzeitige Verwendung weiblicher und männlicher Personenbegriffe verzichtet, und die männliche Nominalform angeführt. Gemeint und angesprochen sind natürlich immer beide Geschlechter.

wiederkehrendes Thema ist. Das brachte mich dazu, mich eingehend damit zu beschäftigen.

Dieses Buch soll die Problematik thematisieren und Mindestanforderungen an eine der die Luftqualität bestimmenden Komponenten festlegen, und zwar an die CO_2-Konzentration.

Es sollen auch mögliche Lösungsansätze für die Problematik erarbeitet werden. Auf wirtschaftliche Aspekte dieser möglichen Lösungen wird jedoch nicht näher eingegangen. Nur so viel: Der als praktikabel beschriebene und favorisierte Lösungsansatz ist, wenn er sich im praktischen Test als praktikabel herausstellt, sehr kostengünstig.

Damit sollen ein erweiterter Blick auf das Thema Dolmetschqualität ermöglicht und Anregungen für weiterführende Forschungsansätze geboten werden.

Ebenso soll ein Beitrag zur Entwicklung von internationalen Normen, wie zum Beispiel für die Überarbeitung der Normen für ortsfeste und mobile Dolmetschkabinen, geleistet werden.

Dazu werden zu Beginn die Begriffe Qualität im Allgemeinen, dann Produktqualität, Prozessqualität und Luftqualität im Besonderen erläutert sowie Qualität beim Dolmetschen thematisiert.

Als nächstes wird die Luftqualität, vor allem die CO_2-Konzentration, im interdisziplinären Kontext betrachtet und ihre Auswirkung auf die Konzentrations- und Leistungsfähigkeit untersucht. Auch auf mögliche gesundheitliche Konsequenzen wird kurz eingegangen.

Nach einem Abriss über die Behandlung der Luftqualität in den Dolmetschwissenschaften werden die aktuelle Situation der CO_2-Konzentration in Dolmetschkabinen betrachtet und mögliche Wege zur Verbesserung der Luftqualität mit dem Ziel erörtert, die Forderungen der ISO Normen 2603 und 4043 hinsichtlich der CO_2-Konzentration in Dolmetschkabinen erfüllen zu können und auf der anderen Seite die Konzentrations- und Leistungsfähigkeit der Dolmetscher zu ermöglichen und dadurch die Qualität der Dolmetschleistung sicherzustellen. Dabei wird auf Lösungen aus den Bereichen Schulwesen, Kontrolltürme, Raumfahrt und Krankenhäuser (Operationssäle) zurückgegriffen.

In den Schlussfolgerungen werden konkrete Vorschläge zur Verwertung der Erkenntnisse gemacht und abschließend werden im Ausblick Anknüpfungspunkte für die weitere wissenschaftliche Forschung rund um das Thema Dolmetschqualität und Luftqualität aufgezeigt.

Die Problematik häufig unzureichender Luftqualität in Dolmetschkabinen ist seit Anbeginn der Disziplin bekannt.[2] Dennoch wurde bisher allem Anschein nach relativ wenig dagegen unternommen. Dadurch war auch die Wahl der Methodik für diese Studie nicht einfach.

Eine weitere empirische Untersuchung der Dolmetschqualität (ein Konzept, das, wie schon erwähnt, ohnehin umstritten ist) – dieses Mal unter verschiedenen Bedingungen hinsichtlich der CO_2-Konzentration – erschien nicht zielführend, und eine neuroradiologische Untersuchung hätte den Rahmen der Studie gesprengt.

Daher wurde ein interdisziplinärer Ansatz gewählt: Auf Basis der Analyse bestehender Studien und Erkenntnisse anderer Bereiche in Bezug auf Konzentrations- und Leistungsfähigkeit und unter Einbeziehung der Erkenntnisse aus dem Bereich der Dolmetschwissenschaften sollen Rückschlüsse auf den möglichen Einfluss der Luftqualität in der Kabine auf die Dolmetschleistung gezogen und gegebenenfalls Lösungsansätze aufgezeigt sowie Mindestanforderungen festgelegt werden.

Die dazu verwendete Literatur stammt aus den verschiedensten Bereichen, unter anderem aus Medizin, (Arbeits-)Psychologie, Chemie, Qualitätsmanagement und nicht zuletzt aus den Dolmetschwissenschaften.

2. Qualität

Es gibt viele Ansätze den Begriff "Qualität" zu erklären. Dieser kurze Abriss, der keinen Anspruch auf Vollständigkeit erhebt, soll lediglich aufzeigen, dass es verschiedene Blickwinkel gibt, aus denen "Qualität" betrachtet werden kann.

---

2 Während der Nürnberger Prozesse sind Dolmetscher aufgrund mangelnder Luftqualität in der Kabine in Ohnmacht gefallen (vgl. Kalverkämper et al. 2008:270).

2.1 Begriffsbestimmungen

2.1.1 Qualität

Der Duden hat für "Qualität" mehrere Definitionen, darunter: (Duden Qualität)

> *"1.a (bildungssprachlich) Gesamtheit der charakteristischen Eigenschaften (einer Sache, Person); Beschaffenheit*
>
> *1.b (Sprachwissenschaft) Klangfarbe eines Lauts (im Unterschied zur Quantität)*
>
> *1.c (Textilindustrie) Material einer bestimmten Art, Beschaffenheit*
>
> *2.a Charakteristisch Eigenschaft (einer Sache, einer Person)*
>
> *2.b gute Eigenschaft (einer Sache, einer Person)*
>
> *3.a Güte*
>
> *3.b etwas von einer bestimmten Qualität"*

Im vorliegenden Zusammenhang wird Qualität am ehesten Punkt 3, nämlich "Güte" oder "etwas von einer bestimmten Qualität" heranzuziehen sein. "Bestimmte Qualität" oder "Güte" wäre dann zum Beispiel gut, durchschnittlich oder schlecht.

Wer bestimmt aber, was gute oder schlechte Qualität ist? Hier beginnt die Diskussion, welche sehr schwierig eine eindeutige Lösung bringen kann, denn sehr schnell wird man feststellen, dass die Entscheidung, ob etwas von guter oder schlechter Qualität ist, auf subjektiven Wahrnehmungen beruht.

Gablers Wirtschaftslexikon bringt dies so zum Ausdruck:

> *"Qualität ist ein Gesamteindruck aus* Teil-Qualitäten *(z.B.* funktionale Qualität, *technische Qualität,* Dauerqualität, Integralqualität *oder ökologische Qualität), die sich bei jeder differenzierbaren Eigenschaft eines Produkts bilden lassen. Der Qualitätsbegriff kann subjektiv* (subjektive Qualität) *und objektiv* (objektive Qualität) *interpretiert werden."* (Springer, Gabler Wirtschaftslexikon)

Im Qualitätsmanagement, also in der *"Gesamtheit der sozialen und technischen Maßnahmen, die zum Zweck der Absicherung einer Mindestqualität von Ergebnissen betrieblicher Leistungsprozesse angewendet werden"* (Duden Qualitätsmanagement) steht – wie in Gablers Wirtschaftslexikon angeführt – eine Art objektiver Qualität im Mittelpunkt.

ISO 9000:2005 definiert Qualität als *"Grad, in dem ein Satz inhärenter **Merkmale Anforderungen** erfüllt."* (ISO 9000:2005:13, Hervorhebungen im Original).

Dabei sind Merkmale als *"kennzeichnende Eigenschaft"* zu verstehen (vgl. ISO 9000:2005:18). Als Anforderung wird *"Erfordernis oder Erwartung, das oder die festgelegt, üblicherweise vorausgesetzt oder verpflichtend ist"*, bezeichnet. (vgl. ISO 9000:2005:13)

> *"Üblicherweise vorausgesetzt" bedeutet, dass es für die **Organisation** [...], ihre **Kunden** [...] und andere **interessierte Parteien** [...] üblich oder allgemeine Praxis ist, dass das entsprechende Erfordernis oder die entsprechende Erwartung vorausgesetzt ist." (ISO 9000:2005:13, Hervorhebungen im Original)*

Die Anforderungen gelten sowohl hinsichtlich "Produkt" als auch in Bezug auf "Prozess" (vgl. ebd.).

Daraus lassen sich einige wichtige Aussagen ableiten:

a) Es geht sowohl um Produkt- als auch um Prozessqualität.

b) Den Qualitätsanspruch stellen der Kunde und andere interessierte Parteien.[3]

Damit kommt man wieder auf die oben angesprochene Tatsache zurück, dass Qualität eine subjektive Größe ist, die von verschiedenen Personen zu unterschiedlichen Zeitpunkten und je nach Kontext und Situation unterschiedlich wahrgenommen und auch definiert werden kann (vgl. Piechotta 2008).

Auch Kalina (2004:2) erwähnt, dass durch die mangelnde Möglichkeit der Feststellung der Richtigkeit der Dolmetschleistung Qualitätsbeurteilungen in der Vergangenheit stark intuitiven Charakter hatten und somit nicht von subjektiven Empfindungen frei waren.

---

3 Zur Definition „interessierte Parteien“ siehe S. 55 f.

Die oft zitierte Aussage[4] des britischen Handelsministers Lord Simon of Highbury im Jahr 1998 belegt, dass *"die Beurteilung von Dolmetschleistungen in der Regel auch heute noch auf der Basis intuitiver, gefühlmäßiger Eindrücke vorgenommen wird."* (Kalina 2004:3)

Bevor auf das spezifische Thema Produkt- und Prozessqualität beim Dolmetschen eingegangen wird, sollen die Begriffe "Produkt" und "Prozess" sowie "Produktqualität" und "Prozessqualität" genauer umrissen werden.

2.1.2 Produkt – Produktqualität

Vom Lateinischen "producere" abgeleitet, bedeutet das Perfektpartizip davon, productus, "erzeugt", "erschaffen". (Pons producere)

Der Duden führt das substantivierte Neutrum des 2. Partizips an, "productum" – "das Hervorgebrachte". (Duden Produkt)

Als "Hervorgebrachtes" gelten nicht nur tangible Produkte, sondern auch Dienstleistungen. (Online Verwaltungslexikon Qualitätsmanagement)

Die Qualitätsnorm definiert "Produkt" *"als 'Ergebnis eines Prozesses'"* (ISO 9000:2005:12)

Produktqualität als Summe aus den beiden Definitionen Produkt + Qualität im Optimalfall ein Gut oder eine Dienstleistung mit verschiedenen (objektiven) Merkmalen, die die (subjektiven) Erwartungen des Kunden erfüllen.

2.1.3 Prozess – Prozessqualität

Auch hier ist die lateinische Wurzel hilfreich: "procedere" bedeutet unter anderem "vorrücken, weiterkommen", "bis zu einem Punkt kommen", "(gut) vonstatten gehen". (Pons procedere)

Der Duden definiert "Prozess" als

> *"sich über eine gewisse Zeit erstreckender Vorgang, bei dem etwas [allmählich] entsteht, sich herausbildet".* (Duden Prozess)

---

4 „With experience, you learn to tell the difference between quite good, very good and excellent interpreters.“ (u.a. Kalina 2004:3)

ISO 9000:2005 definiert in der deutschen Version einen Prozess als einen

> *"Satz von in Wechselbeziehung oder Wechselwirkung stehenden Tätigkeiten, der Eingaben in Ergebnisse umwandelt".* (ISO 9000:2005:12)

Bildlich und vereinfacht ausgedrückt:

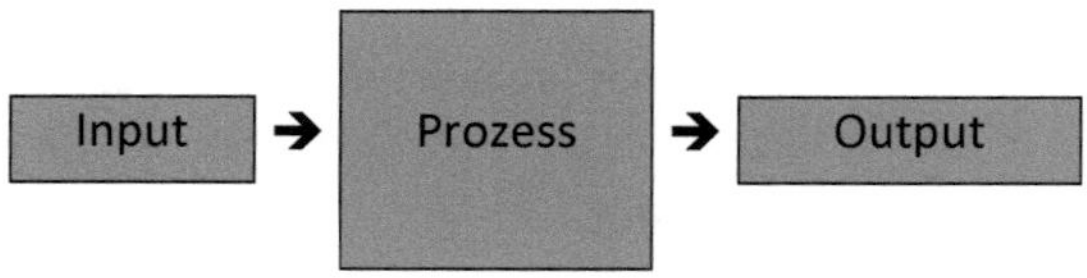

Abb. 1: Prozessdarstellung [Darstellung nach Eichmeyer et al. 2014]

Die angesprochenen "Tätigkeiten" können als Teilprozesse zur Erreichung einer Produktqualität als Endergebnis eines Prozesses verstanden werden. Diese Teilprozesse müssen definiert und nach festgelegten Verfahren ausgeführt werden (vgl. ISO 9001:2008:14 f.).

Die Prozesse und Teilprozesse müssen überwacht, gemessen, analysiert und laufend verbessert werden um eine Verbesserung der Prozessqualität zu erreichen (vgl. ebd.).

Der Qualitätskreislauf nach Deming (1982:88) erfordert eine permanente Wiederholung von "PLAN-DO-CHECK-ACT" und kann so dargestellt werden:

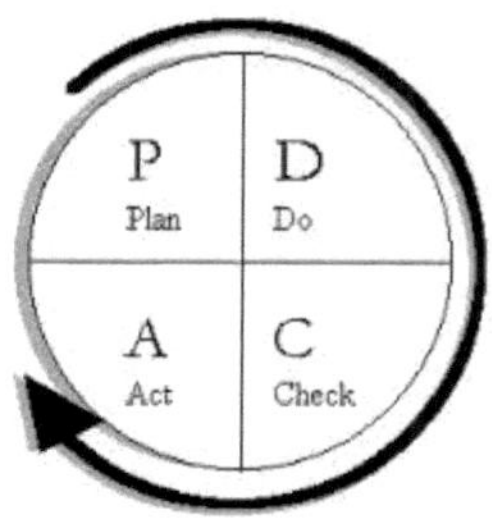

Abb. 2: Qualitätskreislauf nach Deming [Darstellung nach Realisation]

Die vier Elemente des Kreislaufs sind:

PLAN: jeder (Teil-)Prozess muss vor der Umsetzung geplant werden. Bei bereits bestehenden Prozessen wird in der Planungsphase eine Analyse durchgeführt, mittels derer Verbesserungspotenziale festgestellt und neue Konzepte entwickelt werden. Dabei werden die direkt Betroffenen intensiv miteingebunden (bei Produktionsprozessen die Werker).

DO: hier werden die in der vorhergehenden Phase entwickelten Konzepte mit einfachen Mitteln getestet und optimiert, auch dies wieder direkt am Arbeitsplatz unter Einbindung der Betroffenen.

CHECK: Die Ergebnisse der DO-Phase werden überprüft und, wenn sie für gut befunden werden, für die Umsetzung auf breiter Front als Standard freigegeben.

ACT: Erst in dieser Phase werden neue Konzepte, Abläufe etc. auf breiter Ebene eingeführt, dokumentiert und in laufenden Audits überprüft. Danach beginnt der Kreislauf von neuem und führt zur *"ständigen Verbesserung"* (ISO 9000:2005:15) wie es die Qualitätsnorm fordert. Ein neuer Zyklus der Verbesserung beginnt auf einem höheren Niveau als der vorhergegangene.

Der kontinuierliche Verbesserungsprozess kann so dargestellt werden:

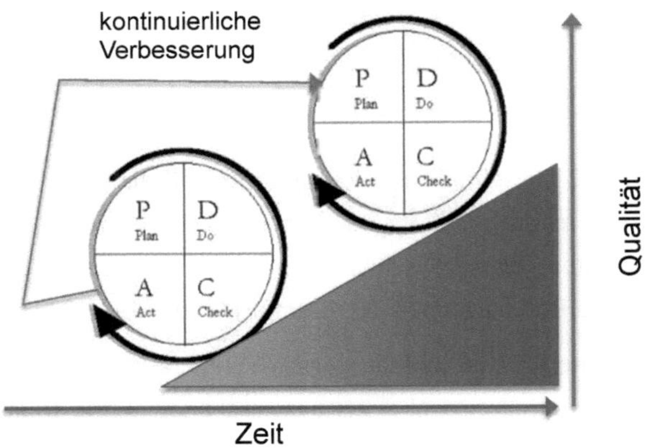

Abb. 3: Kontinuierlicher Verbesserungsprozess [Eigene Darstellung]

2.1.4 Luftqualität

Laut Duden: *"Luftqualität, die – Qualität der Luft in einem bestimmten Gebiet"*. (Duden Luftqualität)

PCE Instruments, ein deutscher Hersteller von Messgeräten, schreibt auf der Homepage über "Luftgüte", ein Wort, das als Kompositum im Duden nicht vorkommt. Der Duden enthält nur "Güte" als

> *"[Grad der guten] Beschaffenheit eines Erzeugnisses, einer Leistung o. Ä.; [gute] Qualität."* (Duden Güte)

PCE Instruments beschreibt "Luftgüte" wie folgt:

> *"Luftgüte ist ein Maß für die Qualität der Luft in Innenräumen. Objektive Messgröße der Luftgüte ist das Kohlendioxid (CO_2). Dieses farb- und geruchlose Gas wird vom Menschen ausgeatmet, umso mehr, je älter und je körperlich aktiver er ist. Im Freien schwankt die Kohlendioxidkonzentration zwischen 360 ppm (parts per million) in Reinluftgebieten und 700 ppm in Städten. Der empfohlene Maximalwert für Innenräume beträgt 1.000 ppm CO_2 der Grenzwert für Büros 1.500 ppm. Dieser Grenzwert ist schnell erreicht! So steigt die Kohlendioxidkonzentration in einem frisch gelüfteten Büroraum mit 25 m^2 Grundfläche nach dem Schließen der Isolierglasfenster innerhalb von einer Stunde auf 2.000 ppm, wenn dort vier Erwachsene tätig sind."* (PCE Instruments 2015)

Die Norm VDI 6022 beschreibt die Raumluftqualität als eine "gesamtheitliche Betrachtung von Atemluftqualität und Behaglichkeit" beziehungsweise die anhand von bestimmten "physikalischen, chemischen und biologischen Messgrößen charakterisierte Beschaffenheit der Atemluft" (vgl. VDI 6022).

Tragbare Messgeräte für Luftqualität messen Temperatur, relative Luftfeuchtigkeit und CO_2-Konzentration, wobei als anzustrebende Werte folgende angegeben werden: Temperatur von 20°C, wobei 26° nicht überschritten werden soll (vgl. ASR A3.5) – laut Bundesumweltamt sollte die Raumtemperatur auch aus Energiegründen 20°C betragen (Bundesumweltamt 2013) –, relative Luftfeuchtigkeit zwischen 40% und 65% (vgl. VDI 6022), CO_2-Konzentration bis maximal 1000 ppm (parts per million), also 0,1% (vgl. ebd).

Jeder dieser Werte (Temperatur, relative Luftfeuchtigkeit, CO_2-Konzentration) hat einen Einfluss auf die Behaglichkeit:

"Eine gesundheitsverträgliche Raumluftqualität im Sinne dieser Richtlinie ist dann gegeben, wenn die Raumluft und das Raumklima von den Nutzern als angenehm und behaglich empfunden werden, keine negativen Geruchswahrnehmungen vorhanden sind und ***alle*** *physikalischen, chemischen und biologischen Messgrößen in einem hier definierten Bereich liegen."* (vgl. VDI 6022:2, Hervorhebung im Original)

In der Norm VDI 6022 wird auch die Luftbewegung als qualitätsbestimmende Größe der Luftqualität angeführt, sie wird aber hier nicht behandelt, da die tragbaren Messgeräte diese in der Regel nicht erfassen. Auch das für die Messungen in Kapitel 3.6.2.6[5] verwendete Gerät erfasst Luftbewegung nicht.

Um an einem Arbeitsplatz die erwünschte Behaglichkeit zu erreichen, müssen die in der Norm definierten Werte in bestimmten Bereichen liegen (siehe voriges Zitat der Norm 6022). Die Behaglichkeit trägt somit zur Qualität des Arbeitsplatzes bei und hat damit Einfluss auf die Arbeitszufriedenheit, die ihrerseits wieder eine anerkannte Einflussgröße für die zu erwartende Qualität der Arbeitsleistung ist (vgl. Judge 2001:393).

Unter den genannten Komponenten der Luftqualität gibt es einen Punkt, der mehr als nur für die Arbeitszufriedenheit wichtig ist, sondern einen direkten (physiologischen) Einfluss auf die Konzentrations- und Leistungsfähigkeit – in diesem Fall der Dolmetscher – hat und bei höheren Konzentrationen sogar lebensgefährlich für den Menschen ist: die CO_2-Konzentration.

Es ist erstaunlich, dass es bisher im Bereich der Dolmetschwissenschaften vergleichsweise wenig Arbeiten zu diesem Thema gibt, obwohl Dolmetscher sehr häufig über schlechte Luftqualität in den Kabinen klagen. Die Beschwerden wiederholen sich wie u.a. aus den Untersuchungen von Kurz aus dem Jahr 1982, der Workload Study, deren Ergebnisse Anfang 2002 vorgestellt wurden, Eisenbeutel von 2011, Huprich von 2012 und Reiterlehner von 2014 zu erkennen ist (vgl. Kurz 1983:90 ff, WLS 2002:100, Eisenbeutel 2011:90, 110, 114, Huprich 2012:61, 72 f. und Reiterlehner 2014:44, 50f., 58, 100ff.).

---

5 Siehe S. 96.

Die Luftqualität ergibt sich, wie schon erwähnt, aus mehreren Komponenten. Jener Bestandteil, der im Allgemeinen dazu herangezogen wird die Luftqualität zu bestimmen, ist die CO_2-Konzentration (vgl. ASR A3.6 und DIN 13779:21). Daher wird im Rahmen dieser Arbeit die CO_2-Konzentration in Dolmetschkabinen als mögliche Einflussgröße auf die Qualität der Dolmetschleistung untersucht. Die anderen Komponenten werden zwar an einigen Stellen erwähnt, aber nicht weiter auf ihre möglichen Auswirkungen untersucht.

CO_2-Konzentration und deren Auswirkungen werden schon seit über 150 Jahren erforscht, und der 1858 ermittelte Grenzwert guter Luftqualität hat bis heute Geltung. So wird jeder, der sich mit dem Thema "Luftqualität in Innenräumen" beschäftigt, unweigerlich auf den Pettenkofer-Wert stoßen. Pettenkofer war ein herausragender Wissenschaftler auf mehreren Gebieten – *"der Chemie, der Physik, der Physiologie, der Hygiene und der Technik"* (Voith 1902:4) –, *"ein Gewaltiger im Reiche der Wissenschaft [...], [der] aber auch durch die Anwendung seiner wissenschaftlichen Arbeit auf das Leben das Wohl seiner Mitmenschen wie selten einer gefördert hat"* (ebd.:3) – sein hoher Bekanntheitsgrad beruht dabei nicht vorrangig auf seinen Untersuchungen zur Luftqualität. Es ist daher recht und billig, den Urheber und seine Arbeit zu beleuchten.

2.1.4.1 Pettenkofer-Wert

Max von Pettenkofer (1818–1901) (vgl. Emmerich 1889 und Voith 1902) war ein Bauernsohn, eines von insgesamt acht Kindern aus einfachen Verhältnissen aus Lichtenheim, *"einer Einöde bei Neuburg an der Donau"* (Voith 1902:4), der durch die finanzielle Unterstützung und Aufnahme im Haus seines kinderlosen Onkels Franz Xaver Pettenkofer, der königlich bayerischer Hof- und Leibapotheker war, in München ab dem Alter von acht Jahren zuerst die Volksschule, dann die Lateinschule und anschließend das humanistische Gymnasium besuchen konnte, das er 1837 mit Auszeichnung absolvierte.

Auf Wunsch seines Onkels sollte sich der auf vielen Bereichen hochbegabte und äußerst interessierte Neffe zuerst der Naturwissenschaft und dann der Pharmazie widmen, um ihn im Alter beruflich unterstützen zu können. Max Pettenkofer betrieb nach dem sog. philosophischen Jahr, das für alle Studierenden damals verpflichtend war, zunächst philosophische und naturwissenschaftliche Studien (besonders Mineralogie und technische Chemie) und absolvierte parallel dazu die Lehre zum Apothekergehilfen. Dabei wurden ihm aufgrund der hervorragenden Vorkenntnisse in Chemie und Pharmazie zwei der drei Lehrjahre erlassen.

Danach kam es zum Zerwürfnis zwischen Pettenkofer und seinem sehr strengen Onkel und Pflegevater, was zu einer Unterbrechung seiner Studien führte. Er ging zuerst nach Regensburg, wo er sich als Statist im Theater über Wasser hielt, danach unter dem Künstlernahmen "Tenkof" als Schauspieler nach Augsburg. Seine Cousine, die er zu heiraten beabsichtigte, war es, die ihn dazu brachte, sich mit seinem Onkel zu versöhnen und wieder zu zurückzukehren, indem sie ihm versprach, ihn später zu heiraten, wenn er wieder *"ein ordentlicher Mensch"* würde (ebd.:8). Der Onkel gab auf Wunsch der späteren Gattin seines Neffen nach und nahm ihn wieder in sein Haus auf. Allerdings fand er, ein "Komödiant" sei es nicht würdig, Pharmazie zu studieren, sondern allenfalls Medizin. Dieses Studium schloss Max Pettenkofer im Jahr 1843 mit Auszeichnung ab. Gleichzeitig absolvierte er – ebenfalls mit Auszeichnung – die Approbationsprüfung als Apotheker. Es folgte die Promotion zum Doktor der Medizin.

Bereits vor Abschluss der Studien veröffentlichte er erste wissenschaftliche Arbeiten, und nach ersten Erfolgen in der Forensik widmete er sich seinem Lieblingsfach: der Chemie. Er studierte in Würzburg und kam dann zu Justus von Liebig nach Gießen, wo er unter anderem zum Wegbereiter des Periodensystems der Elemente wurde (vgl. ebd.:24).

Danach arbeitete er einige Zeit ohne Remuneration, aber um heiraten zu können, brauchte er ein angemessenes Einkommen. So kam er zur Gold- und Silberscheideanstalt des königlichen Hauptmünzamtes in München. Auch dort machte er als herausragender Wissenschaftler von sich reden und erwies der Scheiderei so manchen großen Dienst. Er war glücklich mit seiner Arbeit und hatte gute Aussichten, Vorstand der Anstalt zu werden, aber die Berufung zum a.o. Professor für medizinische Chemie an die Universität München bedeutete eine neuerliche Richtungsänderung in seinem Leben und Forschen.

Schon bald widmete er sich der Anwendung der Lehren der Chemie für die Gesundheit des Menschen, der Hygiene. Er untersuchte unter diesem Aspekt die Zusammensetzung der Luft, des Wassers, der Nahrungsmittel (wie zum Beispiel Fleisch, Milch und Brot). Zwei Errungenschaften aus dieser Zeit sind erstens die

Entwicklung der Herstellung von qualitativ hochwertigem deutschem Zement, der dem englischen "Portland-Cement" in nichts nachstand, aber wesentlich kostengünstiger war, und zweitens die Entwicklung der Grundsätze der Verwendung des Holzleuchtgases für die öffentliche Beleuchtung.

Eine Anfrage des Königs Max II. begründete eine weitere Richtungsänderung und den Beginn seiner Forschungen in Richtung Luftqualität: der König fühlte sich in den mit Luftheizung erwärmten Räumen der Residenz *"unbehaglich"* (ebd.:30) und wollte wissen, ob die Heizung mit heißer Luft andere Auswirkungen hätte als die traditionelle Ofenheizung. Damit begann Pettenkofer die Innenraumluft zu erforschen. Er behandelte unter anderem die Permeabilität von Mauern und Wänden und berechnete, wie viel Luft sie durchlassen. Bis dahin war man davon ausgegangen, dass nur Türen und Fenster für den Luftaustausch verantwortlich seien. Aufgrund dieser Anregungen durch den König beschäftigte er sich mit Fragen hinsichtlich der Lebensumstände des Menschen. Die Beantwortung dieser Fragen begründete ein neues Wissensgebiet: die experimentelle Hygiene.

1853 wurde Pettenkofer o. Prof. für medizinische Chemie an der medizinischen Fakultät und hatte damit bessere Bedingungen für seine weitere forscherische Tätigkeit. Er stellte fest, dass die Physiologen wohl viel untersucht hätten, was die physiologischen Vorgänge im menschlichen Körper betrifft (Sauerstoffaufnahme, Wasserverlust, Wärmeabgabe etc), die äußeren Umstände aber außer Acht ließen: Frischluftzufuhr im Haus, Einfluss des Bodens, der Wohnung und der Kleidung.

Angeregt durch die ersten Untersuchungen aus dem Jahr 1851, anhand derer er die Wichtigkeit des *"Luftwechsels in Wohnräumen"* (ebd.:36) erkannte, begann er 1857, sich dem Thema Luftqualität intensiv zuzuwenden. Als Maß für die Luftqualität sah er die Zeit, in der der *"Kohlensäuregehalt"* (ebd., heute würde man CO_2 sagen [Anmerkung der Autorin]) zu- oder abnimmt. Dazu musste er allerdings zuerst ein geeignetes Verfahren zur Bestimmung des CO_2-Gehalts entwickeln. Dieses neue Verfahren sah so aus:

"Die Luft wird dabei in geaichten Flaschen von etwa 5 Liter Rauminhalt gesammelt, die Kohlensäure durch Barytwasser[6] *absorbirt und durch Neutralisation desselben mit einer Oxalsäurelösung von bekanntem Gehalt vor und nach der Einwirkung der Kohlensäure der Gehalt der Luft an letzterer erhalten."* (Voith 1902:37)

Pettenkofer beschreibt das Verfahren genau in seinem Traktat "Ueber eine Methode, die Kohlensäure in der atmosphärischen Luft zu bestimmen" (vgl. Pettenkofer 1862).

Danach wollte er feststellen, wie man die Verunreinigung von Wohnräumen messen kann. Seine Antwort auf die Frage, wann die Luft eines Wohnraums *"gut und rein"* (Voith 1902:39) sei, war folgende:

"[...] wenn bei Handhabung der grössten Reinlichkeit die durch das Athmen von Menschen erzeugte Kohlensäure nicht mehr als 1 pro mille, d.h. auf 1000 Volum Luft 1 Volum Kohlensäure, beträgt." (Ebd.:39)

Dabei ist für ihn nicht das eigentliche CO_2 schädlich, sondern nur ein Maß für die anderen flüchtigen organischen Stoffe, die die Behaglichkeit im Innenraum beeinträchtigen. Er stellt einen Zusammenhang zwischen dem natürlichen Luftaustausch über Wände, die Temperaturdifferenz (innen/außen) und der Anzahl der Personen, die sich in einem Raum befinden, her. Ein Mensch atmet laut Pettenkofer in einer Stunde etwa 300 Liter Luft mit 12 Liter CO_2 (oder "Kohlensäure", wie er es nennt, vgl. ebd.:40) aus. Somit bräuchte man in einer Stunde 60 m^3 Frischluft, das entspricht 60.000 Liter.

Eine wichtige Aussage dabei ist, dass der natürliche Luftaustausch, zum Beispiel im Winter über den im Zimmer geheizten Kamin und über die Wände für einen Menschen normalerweise ausreichend ist., die Bedeutung des natürlichen Austausches aber sinkt, wenn sich mehrere Personen im Raum aufhalten.

Im Sommer könne der Luftaustausch leicht über geöffnete Fenster bewerkstelligt werden, im Winter sei diese Möglichkeit eingeschränkt. Allerdings entspre-

[6] Barytwasser ist der Trivialname für eine Bariumhydroxid-Lösung, die man in der Chemie zum Nachweis von Kohlenstoffdioxid auch heute noch verwendet (vgl. Brockhaus).

che ein halber Tag Lüftung im Sommer einer halben Stunde Lüften im Winter, weil durch den Temperaturunterschied der Luftaustausch wesentlich schneller erfolge (vgl. ebd.:41). Benachteiligt sind da die Armen, die sich keine entsprechende Heizung leisten können, also auch keinen großen Temperaturunterschied zwischen innen und außen haben und somit nicht nur unter der Kälte, sondern auch unter schlechter Luft leiden (vgl. ebd.).

Angesprochen wurde auch schon die natürliche Ventilation, die durch das poröse Baumaterial stattfindet. Der natürliche Luftaustausch ist oft nicht ausreichend wie zum Beispiel *"im übelriechenden Saal des Gebärhauses, in dem gefüllten Hörsaale Liebigs*[7]*, in Bierkneipen mit Tabacksqualm [...]"* (ebd.:42), und daher wird eine künstliche Belüftung benötigt.

In *"Wohnräumen mit starker Bevölkerung"* (ebd.) wird die Grenze zu schlechter Luftqualität sehr schnell erreicht und überschritten. Pettenkofer hält einen kurzzeitigen Aufenthalt auch bei Werten zwischen 2 und 5 Promille für nicht so gravierend wie einen Langzeitaufenthalt auch bei geringeren CO_2-Konzentrationen. Für besonders beunruhigend befand er die Tatsache, dass er in Schulen (zum Beispiel am Glockenbach in München, vgl. ebd.) bis zu 4000 ppm gemessen hat und dass solche schlechte Luftqualität negative Auswirkungen auf die Gesundheit und Entwicklung der Kinder hätte (vgl. ebd.:43).

Generell sieht er schlechte Raumluft zwar nicht direkt als Gift, aber als Umstand, der die Widerstandsfähigkeit des Körpers beeinträchtigt und dadurch "Quelle vieler chronischer Leiden" ist (vgl. ebd.) und als Hauptkontaminator den Menschen, dessen CO_2-Ausstoß er nach dem von Tieren eingehend untersucht und berechnet hat.

Er entwickelte dazu Verfahren und Vorrichtungen, um die Abgabe von verdorbener Luft durch Mensch und Tier in Langzeitstudien (24 Stunden) zu messen. Dabei benötigte er aber eine Ventilation von 200.000 bis 500.000 Liter Luft pro Tag, was die Messung der Bestandteile der Luft in so großem Volumen unmöglich machte (vgl. ebd.:59). Daraufhin brach er das Verfahren auf Kleinstvolumina herab. Er wendete Techniken an, die er in der Münzanstalt entwickelt und verwendet hatte, und dabei eine Messgenauigkeit mit Abweichungen von 0,1%

7 Justus von Liebig, Anmerkung der Autorin.

erreichte. Mittels Differenzbestimmung (Differenz des CO_2- und Wassergehaltes in Zu- und Abluft des Raumes) errechnete er den Sauerstoffverbrauch. Sein hochkomplizierter Respirationsapparat, den er dafür entwickelte, lieferte Messgenauigkeiten mit Abweichungen von weniger als 1%. Bei den langjährigen intensiven Untersuchungen, stellte er unter anderem auch fest, welchen Einfluss die Nahrung bei Mensch und Tier auf den CO_2-Ausstoß hat und führte noch weitere Versuche durch. Er schaffte damit wichtige Grundlagen für die Ernährungslehre (vgl. ebd.:60 ff.).

Nun aber zurück zur Belüftung: Wenn aufgrund mangelnder natürlicher Ventilation künstliche Belüftung verwendet wird, muss dies aber auch richtig erfolgen. Pettenkofer hat mehrere Belüftungsanlagen analysiert und vielfach festgestellt, dass sie falsch konzipiert und daher unwirksam waren. Am besten sei es, die Luft mechanisch mit einer Maschine einzutreiben und mittels schwächerem Saugen die verbrauchte Luft aus dem Raum zu bringen. So könne der Luftbewegung *"die richtige Richtung"* gegeben werden (vgl. ebd.:45).

Natürlich müsse bei dem Vorgang auch die Luftgeschwindigkeit berücksichtigt werden, damit keine Zugluft entsteht, die Pettenkofer als *"einseitige vermehrte Abkühlung des Körpers durch einseitiges Anblasen der Luft"* bezeichnet (ebd:39). Im Freien ist der Mensch von einer ständigen Luftbewegung umgeben, die selbst bei absoluter Windstille 0,7 Meter pro Sekunde beträgt. 1,3 Meter pro Sekunde nehmen unsere Nerven wahr, und in München beträgt laut Messungen Pettenkofers die mittlere Geschwindigkeit der Luft 3 Meter pro Sekunde. Im Innenraum nimmt der Mensch aber bereits Luftbewegungen von 0,5 Metern pro Sekunde als unangenehm wahr, da er im Innenraum nicht gleichmäßig von der Luftbewegung umgeben ist, sondern die oben beschriebene Zugluft entsteht (vgl. ebd.).

Voith (1902) bezeichnet diese Erkenntnisse als

> *"eine ganz gewaltige Darlegung, voll von neuen Gedanken, in der die quantitative Bestimmung der Grösse der Ventilation eingeführt und die Prinzipien derselben* ***für alle Zeiten*** *festgestellt wurden."* (Ebd., Hervorhebung der Autorin)

Gut 150 Jahre später haben diese immer noch Geltung – Voith hat dies schon sehr früh erkannt.

1849 war Bayern von der Cholera bedroht, und es wurde eine Kommission für Untersuchungen über die indische Cholera einberufen, der auch Pettenkofer angehörte. Als 1854 erneut die Cholera auftrat, wurde diese Kommission wieder tätig. Das bedeutete den nächsten großen Schritt in Pettenkofers Entwicklung, der nun die Untersuchung über die Verbreitungsart der Epidemie in Bayern übernahm. Dieser Bereich sollte einen großen Teil seines Lebens ausfüllen und war auch der Ursprung seiner internationalen Bekanntheit, die bis heute anhält. Er stellte fest, dass Cholera nicht im eigentlichen Sinne ansteckend ist und auch, dass nicht unreines Trinkwasser die Ursache der Verbreitung der Krankheit ist, obwohl er sich als absoluten Trinkwasserfanatiker (vgl. ebd.:106) bezeichnete und auch die erste Wasserleitung Münchens, die Thalkirchner Wasserleitung, in die Wege leitete. Ausschlaggebend ist vielmehr die physikalische Bodenbeschaffenheit. Davon hängt ab, zu welchen Zersetzungen es kommen kann und, wenn es zu solchen kommt, ob diese im Boden verbleiben oder nicht, wie zum Beispiel auf felsigem Untergrund (vgl. ebd.:72).

Damals dachte man, dass die verbesserte Trinkwasserversorgung dazu beitrug, die Cholera einzudämmen, aber in der Tat war dies nur ein Nebenprodukt, da durch umfassende sanitäre Maßnahmen *"nicht nur Wasser, sondern auch der Boden und die Luft rein gemacht wurden"* (ebd.:105).

1865 wurde Pettenkofer Rektor der Universität. Im gleichen Jahr wurde er auch erster Professor für Hygiene Deutschlands. Es gab anfangs große Widerstände gegen einen eigenen Lehrstuhl für Hygiene, da man der Auffassung war, das Feld sei viel zu klein. Die allgemeine Meinung dahingehend änderte sich jedoch bald in München und Bayern, das als erster und für längere Zeit einziger Staat der Hygiene auch in Forschung und Lehre den großen Stellenwert beimaß, den sie verdiente (vgl. ebd.:135). Erst nach und nach folgten andere diesem Vorbild und es entstanden ordentliche Professuren für Hygiene an fast allen deutschen und österreichischen Universitäten.

Pettenkofer wurde vielfach ausgezeichnet, wurde zum Ehrenbürger der Stadt ernannt und in den Adelsstand erhoben, und zu seinem 70. Geburtstag organisierte das "Münchner Festcomité" eine große Feier, im Rahmen derer ihm seine Schüler eine Marmorbüste überreichten (vgl. Emmerich 1889).

1890 wurde er zum Präsidenten der Akademie der Wissenschaften. Als er spürte, dass ihm das Alter die Schaffenskraft reduzierte, zog er sich sukzessive von allen Ämtern und Funktionen zurück. Den Vorsitz der Akademie und die Stelle im Obermedizinalausschuss behielt er bis kurz vor seinem Tod, erstere bis 1899, letztere bis 1901.

Pettenkofers wissenschaftliche Arbeit hat noch bis heute Auswirkungen, und hat auch großteils immer noch Gültigkeit, besonders im Bereich der Luftqualität und dabei der CO_2-Konzentration in der Luft, die nach wie vor als Indikator für die Luftqualität verwendet wird, wie im Weiteren festzustellen sein wird (vgl. DIN 13779:21 und ASR A3.6). Deshalb wurde ihm und seinen Erkenntnissen der angemessene Umfang eingeräumt.

2.2 Qualität beim Dolmetschen

Wie bereits in der Einleitung erwähnt, gibt es bisher keine einheitliche, allgemein gültige Definition für die Qualität eines Dolmetschprodukts, denn die subjektive Wahrnehmung kommt bei der Beurteilung ins Spiel. (vgl. Garzone 2002:107, Kalina 2004:2, Zwischenberger 2013:114)

Auch Kalina beschreibt die Beurteilung der Dolmetschleistung als intuitiven, teilweise subjektiven Prozess. Dadurch ist eine genaue Abgrenzung zwischen gut, mittelmäßig und durchschnittlich nicht immer klar festzulegen. (vgl. Kalina 2002:121)

2.2.1 Qualität des Dolmetschprodukts

Wenn man die Qualitätsnorm als Basis heranzieht und nach Merkmalen sucht, deren Erfüllungsgrad die Qualität bestimmt, trifft man bereits auf Schwierigkeiten: es gibt viele qualitätsbestimmende Merkmale, die aus den verschiedenen Sichtweisen resultieren, die man auf ein Dolmetschprodukt haben kann. Diese Sichtweisen können – wie schon eingangs erwähnt – je nach Modell und Betrachter sehr stark voneinander differieren.

In der Übersetzungswissenschaft herrschte traditionell die Meinung vor, dass die Treue zum Ausgangstext das wichtigste Qualitätskriterium sei:

> *"In written translation, discussion of quality has traditionally focussed on fidelity to – as opposed to freedom from – the source text."* (Kalina 2002:121)

Beim Dolmetschen ist man sich aber weitgehend einig darüber, dass die Sinntreue schwerer wiegt als die Worttreue (vgl. ebd.).

Bei einem groben Überblick über dolmetschwissenschaftliche Schriften können u.a. folgende Merkmale als qualitätsbestimmend definiert werden: Genauigkeit, Treue zum Ausgangstext, Beibehaltung der Intention des Sprechers, erfolgreich zustande kommende Kommunikation, Prosodie, logische Kohäsion, Vollständigkeit, Diktion und Brauchbarkeit für den Rezipienten (Pöchhacker 2002:96, Blasco Mayor 2011:125 ff , Nobs 2011:261 ff, Garzone 2002:109).

Schwieriger ist die Sichtweise festzulegen. Dazu gibt es verschiedene Modelle, wobei hier das Modell von Shlesinger et al. (vgl. 1997:128) verwendet wird, da es eine sehr genaue Beschreibung der Elemente beinhaltet. Es werden dabei drei Ebenen unterschieden: "intertextual", "intratextual" und "instrumental". Wichtige Faktoren sind dabei auf intertextueller Ebene Vergleiche zwischen Ausgangstext und Zieltext, auf intratextueller Ebene akustische, sprachliche und logische Zusammenhänge und auf instrumenteller Ebene die Verständlichkeit und Brauchbarkeit des Zieltextes, also die Brauchbarkeit für den Rezipienten des Dolmetschprodukts.

Da es bei Qualität im vorliegenden Zusammenhang vorwiegend um die Erfüllung von Kundenanforderungen geht, wird hier die Verwendung des "instrumental level" als Sichtweise verwendet.

Zurück zu den Merkmalen: die erste Untersuchung, um herauszufinden welche Merkmale die wichtigsten sind, um Qualität von Dolmetschprodukten zu bewerten, wurde von Hildegund Bühler im Jahr 1986 durchgeführt. Sie untersuchte dabei 16 Merkmale und ließ professionelle Dolmetscher, die alle Mitglieder des CACL (Committee on Admissions and Language Classification) der AIIC waren, diese Merkmale hinsichtlich ihrer Wichtigkeit bewerten (vgl. Bühler 1986).

Sie wollte ausgehend von der Befragung der Dolmetscher ableiten, was die Anforderungen der Rezipienten sein könnten.

Einige Jahre später, 1988, führte Ingrid Kurz bei einem medizinischen Kongress in Klagenfurt (Österreich) eine weitere Studie durch, bei der sie acht von den 16 von Bühler verwendeten Merkmalen von Rezipienten ("user") bezüglich ihrer Wichtigkeit bewerten ließ (vgl. Kurz 1989).

Die Ergebnisse dieser Studie zeigten, dass Rezipienten nur in jenen Kriterien ähnliche Ansprüche hatten wie Dolmetscher, bei denen es um das erfolgreiche Zustandekommen von Kommunikation geht, wie die Verwendung korrekter Terminologie, logische Kohäsion und korrekte Sinnübertragung des Originals. Eher "oberflächlichen" Merkmalen wie muttersprachlicher Akzent, angenehme Stimme, grammatikalische Korrektheit, flüssige Wiedergabe und Vollständigkeit wurde nicht so hohe Wichtigkeit beigemessen (vgl. ebd.:146). Kurz betont aber auch, dass dies möglicherweise auf den technischen Charakter der Veranstaltung zurückzuführen sein kann, und dass für Verdolmetschungen für die Medien oder auf diplomatischer Ebene diese Kriterien wesentlich wichtiger sein könnten (vgl. ebd.:145).

Kahane (2000a) vergleicht diese ersten Untersuchungen von Qualitätsmerkmalen, indem er die Ergebnisse der Wichtigkeit der acht Merkmale, die von beiden Autorinnen verwendet wurden, einander gegenüberstellt:

	Bühler 1986	Kurz 1989
	Interpreters %	**Users %**
Sense consistency with original message	96	81
Logical cohesion of utterance	83	72
Correct grammatical usage	49	45
Completeness of interpretation	47	36
Fluency of delivery	49	28
Correct grammatical usage	48	11
Native accent	23	11
Pleasant voice	28	17

Tab. 1: Vergleich der Wichtigkeit von Qualitätskriterien durch Dolmetscher und durch Rezipienten [Darstellung nach Kahane 2000a]

Auch Kahane stellt fest, dass es gemeinsame Ansichten von Rezipienten und Dolmetschern hinsichtlich einiger qualitätsbestimmender Merkmale gibt, dass aber hinsichtlich der Ausprägung der Bewertung doch solche Unterschiede bestehen, dass diese nicht einfach übergangen werden sollen, und fordert, dass festgelegt werden soll, für wen nach welcher Methode die Qualität bewertet werden soll.

2.2.2 Kundenorientierung

Aus den vorangehenden Ausführungen wird ersichtlich, dass es beim Dolmetschen auch für Kundenorientierung kein eindeutiges Konzept gibt.

Wer ist der Kunde?

- Der, der die Dolmetschleistung bezahlt? – das kann bei einer Konferenz der Veranstalter sein, bei einem betrieblichen Event der Unternehmer, oder auch eine Einzelperson, die eine Verdolmetschung benötigt, um nur einige Beispiele zu nennen.

- Der, mit dem der Vertrag besteht? – das kann außer den zuvor genannten unter anderem auch eine Agentur oder ein organisierender Dolmetscher sein.
- Der Rezipient, also derjenige, der die Verdolmetschung in seinem Kopfhörer hört oder dem sie zugeflüstert wird?
- Oder ein Dolmetscher, der von einem anderen Dolmetscher Relais nimmt?
- Oder hat man es hier am Ende mit einem Spektrum von Kunden zu tun, die alle zufrieden gestellt werden sollen?

Man sieht also, dass für die Definition von "Kundenanforderungen" zuvor definiert werden muss, wer der Kunde ist. Das kann auch dazu führen, die Kunden in "direkte Kunden" und "indirekte Kunden" oder "andere interessierte Parteien", wie sie im Qualitätsmanagement genannt werden, zu unterteilen:

> *"Eine Organisation [...] schafft Vertrauen in die Fähigkeit ihrer Prozesse und die Qualität ihrer Produkte und erzeugt eine Grundlage für ständige Verbesserung. Dies kann zu höherer Zufriedenheit der Kunden und anderer interessierter Parteien und zum Erfolg der Organisation führen."* (ISO 9000:2005:7)

Als "interessierte Partei" wird laut ISO 9000:2005 eine *"Person oder Gruppe mit einem Interesse an der Leistung oder dem Erfolg einer **Organisation**"* (ISO 9000:2005:17) verstanden. Als Beispiele für solche Personen oder Gruppen werden *"**Kunden**, Eigentümer, Personen in einer Organisation, **Lieferanten**, Bankiers, Vereinigungen, Partner oder die Gesellschaft"* angeführt (vgl. ebd., Hervorhebungen im Original).

In der vorliegenden Arbeit soll der Rezipient wie bei Kurz (vgl. 1989) der "user", also derjenige der das Endprodukt der Verdolmetschung "in the ears" (vgl. Kurz 2001) erhält, als der (direkte) Kunde verstanden werden, die anderen beispielhaft aufgeführten potenziellen Kunden als "interessierte Parteien"; auch der Dolmetscher, der auf das Relais des ersten Dolmetschers angewiesen ist, denn er ist daran interessiert, ein (für ihn) möglichst gutes Dolmetschprodukt zu erhalten, um wiederum die Anforderungen seines Kunden (Rezipienten) erfüllen zu können. Der relaisnehmende Dolmetscher kann – auch wenn er ein Empfänger des Dolmetschprodukts ist – andere Anforderungen haben als der Rezipient als Endkunde. Was für den Rezipienten gut (verständlich, kohärent etc.) ist, muss aufgrund der kulturellen und sprachlichen Unterschiede nicht unbedingt für den relaisnehmenden Dolmetscher gut sein (vgl. Kahane 2000:5).

Kurz (2001) geht bei der Suche nach der richtigen Definition des Kunden weiter. Denn auch der Rezipient ("user") ist keine einheitliche Grundgesamtheit, sondern hat viele mögliche Spielarten. In einem Überblick über die Literatur zeigt sie, dass die verschiedenen Rezipienten je nach Bereich und Setting unterschiedliche Ansprüche haben. So erwarten zum Beispiel die Teilnehmer einer diplomatischen Konferenz eine genaue Wiedergabe aller Nuancen, während bei einer wissenschaftlichen Veranstaltung die technische Genauigkeit Vorrang hat. In der Literatur ginge es dann mehr um die Eleganz der Sprache und in einer politischen Versammlung um die Ausdruckskraft (vgl. Herbert 1952:82 f.)

2.2.3 Dolmetschprozess

Die Qualität des Dolmetschprodukts kann, wie aus den bisherigen Ausführungen ersichtlich wird, nicht eindeutig definiert werden, und es gibt auch keinen allgemeinen Konsens darüber, was ein gutes Dolmetschprodukt ist (vgl. Kahane 2000:6).

Moser-Mercer (2008) übt konstruktive Kritik dahingehend, dass in den zahlreichen empirischen Studien der Dolmetschwissenschaften der methodische Ansatz fehlt:

> *"[...] the literaure on quality research in interpreting is fairly rich in examples of survey-type studies, but lacks fundamental and principled guidance regarding survey methodology."* (Ebd.:144)

Nur mittels einer adäquaten Methode käme man zu einer gewissen Vergleichbarkeit der verschiedenen Studien. Sie stellt weiters Reliabilität und Validität der bestehenden Studien in Frage, nicht zuletzt auch aufgrund der gewählten Grundgesamtheiten, sowohl hinsichtlich Größe als auch hinsichtlich Charakteristika.

Grundlegend sei die lange gesuchte und bisher noch nicht gefundene Definition von Dolmetschqualität, einem "Konstrukt", das keine direkte Messung erlaubt, sondern zuerst in tangible Komponenten heruntergebrochen werden muss (vgl. ebd.). Selbst die Ergebnisse theoretischer Abhandlungen über die Erfassung von Dolmetschqualität spiegeln sich laut Moser-Mercer nicht in den Fragebögen wieder, die dazu entworfen wurden, Dolmetschqualität zu untersuchen (vgl. ebd.).

Der Beitrag drückt implizit aus, dass gar keine weiteren Untersuchungen bezüglich Dolmetschqualität angestellt werden müssten, bevor nicht die spezifischen Charakteristika des Konstrukts "Qualität" festgelegt sind, die für dieses Konstrukt relevant sind. Danach muss eine operationale Definition des Konstrukts "Qualität" erfolgen, um dieses (das Konstrukt), wenn es einmal theoretisch definiert ist, mit den Beobachtungen im wirklichen Leben in Beziehung zu setzen.

In einer Zeit, die von TQM (Total Quality Management) durchdrungen ist, kann man sich diesem auch in der Dolmetschwissenschaft nicht entziehen: Moser-Mercer fordert eine Qualitätssicherung für das Design der Fragebögen unter der Überschrift "Ensuring quality of quality surveys" (ebd.:151).

Ein Produkt ist das Ergebnis eines Prozesses – daher ist es zielführend, einen robusten Prozess anzustreben, der als Output ein qualitativ gutes Dolmetschprodukt zur Folge hat. So soll die vorliegende Arbeit das notwendige Fundament haben, der Dolmetschwissenschaft einen Beitrag zu leisten, ohne dabei in die Falle fehlender Methodik zu tappen und daher nicht über etwas zu schreiben – nämlich über die Qualität eines Dolmetschprodukts –, wofür die Basis fehlt: die Definition der Qualität des Dolmetschprodukts. Aus diesem Grund wird hier der Prozess als grundlegend für Qualität verwendet.

Diesen Ansatz hat auch Pöchhacker gewählt, auch wenn er nicht direkt den Begriff "Prozess" verwendet, indem er die Dolmetschqualität als *"zielorientiertes, strategisches Handeln"* in einem *"komplexen situativen Bedingungsgefüge"* beschreibt (Pöchhacker 2012:19). Es geht also dabei um viel mehr als um eine rein "linguistische Analyse" des Dolmetschprodukts. Er schlägt vielmehr vor, Dolmetschqualität als Bedingungsgefüge und Zusammenspiel von verschiedenen Faktoren zu beurteilen. Es reicht nicht aus, Qualität am Endprodukt festzumachen.

Ein sehr aufschlussreiches Modell für den Dolmetschprozess ist das von Kalina (2002), unter anderem auch deshalb, weil es in das Prozessverständnis der Qualitätsnorm ISO 9001 eingebettet werden kann und somit nicht nur im Bereich der Dolmetschwissenschaften verbleibt, sondern auch im wirtschaftlich praktischen Kontext Anwendung finden kann.

Sie unterteilt den gesamten Prozess in vier Teilprozesse, um die Perspektive zu erweitern. Der Dolmetschprozess sollte sich nicht nur auf Textrezeption und Textproduktion beschränken, sondern zu einem umfassenderen Kommunikationsakt werden, bei dem verschiedene Beteiligte mit unterschiedlichen Erwartungen, Zielen und Bedürfnisse agieren. Es sollten auch Faktoren einbezogen werden, die dem eigentlichen Dolmetschprozess vor- beziehungsweise nachgelagert sind. Diese Zusammenwirkung und gegenseitige Abhängigkeit dieser Faktoren spielen bei der gedolmetschten Kommunikation eine große Rolle (vgl. Kalina 2002).

Diese Teilprozesse pre-process, peri-process, in-process und post-process (vgl. ebd.:126) sind alle qualitätsbestimmend und sollen nun kurz umrissen werden, da sich das Thema dieses Buches aus einem der Teilprozesse, nämlich dem peri-process, ableitet.

Kalina (ebd.:129) schlägt auch vor, bei den behandelten Faktoren und Bedingungen zwischen denen, die direkt vom Dolmetscher abhängen, und jenen, die extern bedingte Faktoren sind, also nicht im Einflussbereich des Dolmetschers liegen, zu unterscheiden.

Präperformatorische Anforderungen (pre-process prerequisites)

Zum pre-process gehören die Grundkompetenzen des Dolmetschers, die berufsethischen Prinzipien des Dolmetschers, die physische und psychische Verfassung des Dolmetschers, Umfang und Möglichkeit der Vorbereitung auf den Dolmetscheinsatz, Kooperation mit anderen Beteiligten und die ausgehandelten Vertragsbedingungen. Diese Anforderungen sind in der Darstellung, wie sie für diese Arbeit gewählt wurde, sowohl im Bereich Input als auch im Bereich Organisation zu finden[8].

---

[8] Siehe Abb. 5.

Periperformatorische Bedingungen (peri-process conditions)
Diese periperformatorischen Bedingungen sind Faktoren und Bedingungen, die Einfluss auf die Dolmetschqualität haben, aber nicht vom Dolmetscher selbst beeinflusst werden können, sie werden daher in dieser Arbeit als externe Faktoren bezeichnet. Diese Faktoren *"are situated in the period immediately before and during the interpreting process"* (ebd.:126). Erwähnt werden in der Aufzählung: Teilnehmerzahl, Anzahl der Arbeitssprachen, technische Ausstattung, Positionierung der Kabine, Teamstärke und Zusammensetzung des Teams, Arbeitszeiten und Dauer der Veranstaltung, Sprachkombinationen, Anzahl und Qualität der Relais, Verfügbarkeit von Unterlagen, Informationen über Vorgehen.

Kalina (ebd.:129) weist darauf hin, dass der von ihr vorgeschlagene Ansatz "natürlich" erweitert und angepasst werden kann. Als wichtiges Ziel stellt sie heraus, im Sinne der Qualität die Arbeitsbedingungen weiter zu verbessern (vgl. ebd.:130).

Da die Luftqualität – hier das zentrale Thema – ein qualitätsbestimmender Faktor sein kann, wie im Weiteren festgestellt wird, schlage ich vor, die Liste der periperformatorischen (oder hier als externe Faktoren dargestellten[9]) Bedingungen und Faktoren durch den Faktor "Luftqualität" zu erweitern.

Kalina fordert auch die Messbarkeit der Faktoren als Einflussgröße auf die Dolmetschqualität (vgl. ebd.). Forschungsergebnisse zeigen die Auswirkungen der CO_2-Konzentration in Innenräumen auf die Leistungsfähigkeit[10]; hier wird daher im Besonderen die CO_2-Konzentration (einer der die Luftqualität charakterisierenden Werte) als qualitätsbestimmender Faktor behandelt.

Performanzdefinierende Faktoren (in-process requirements)
Die Faktoren, die während des translatorischen Vorgangs zum Tragen kommen, nämlich das Vorwissen des Dolmetschers, Art der Darbietung des Ausgangstextes, Komplexität des Textes, aufgabenspezifische Interaktionskompetenz des Dolmetschers und der Schwierigkeitsgrad des Ausgangstextes. Diese Faktoren umhüllen sozusagen den eigentlichen Prozess der Verdolmetschung.

---

9 Siehe Abb. 4.
10 Siehe S. 67 ff.

Postperformatorische Aufgaben (post-process efforts)
Dazu gehören die terminologische Nachbereitung, Fortbildungsaktivitäten, Spezialisierung, Anpassung an den technischen Fortschritt und die ständige Anpassung an die Weiterentwicklung im Beruf. Der Effekt dieser Aufgaben fließt dann wieder in den Input eines neuen Dolmetschprozesses ein.

Diese Teilprozesse, wie sie Kalina beschreibt, könnten dann – ausgehend von der ersten, stark vereinfachten Darstellung – so dargestellt werden:

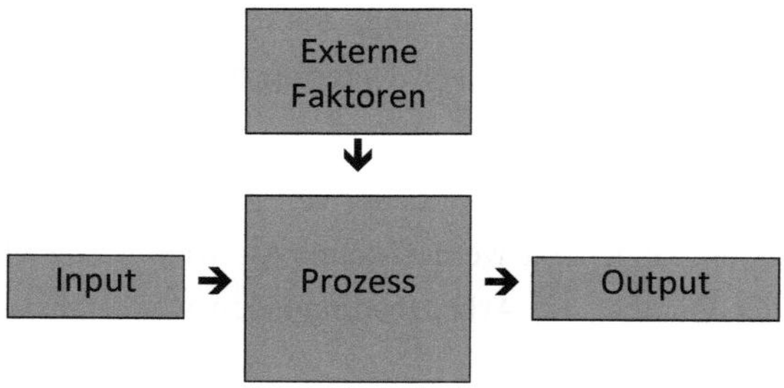

Abb. 4: Prozessdarstellung nach Kalina [Darstellung nach Eichmeyer et al. 2014]

Eine Weiterentwicklung dieses Modells erfolgte durch Albl-Mikasa (2012:61) als Ergebnis einer Befragung, die sie mit zehn Konferenzdolmetschern durchgeführt hat. Es kam zu einer Erweiterung um den von ihr als "para-process" benannten Teilprozess.

Dieser para-process bezieht sich auf den Teilprozess "Unternehmensführung" oder "Organisation", da Dolmetscher einen Gutteil ihrer Zeit auf organisatorische Aufgaben verwenden. Einer der im Rahmen der oben erwähnten Studie Befragten quantifizierte diesen "Gutteil" und stellte fest:

> *"The longer I'm in the business, the more I feel that interpreting proper in the booth is only 50% of my job, the rest are all those other things you have to manage. For you need to get an assignment in the first place, before you can start thinking about techniques and stuff. And whether an interpreters performance is deemed good does not only depend on what comes out of the booth [...], how you handle the job all along."* (Albl-Mikasa 2012:61)

Sie erwähnt an der gleichen Stelle, dass man als Dolmetscher ein Kleinstunternehmen betreibe – *"a one-person very small-size enterprise"* (ebd.).

Um all die Aufgaben, die die Unternehmensführung mit sich bringt, in Personalunion bewältigen zu können, braucht man zusätzlich zu den Kompetenzen als Dolmetscher also auch die sogenannten *"para-process skills"*. (Albl-Mikasa 2012:60). Diese sind nach Albl-Mikasa business know-how / customer relations / professional standards, lifelong learning predilection und meta-reflection (vgl. ebd.).

Damit erweitert sich die Darstellung des Dolmetschprozesses um eine weitere Dimension, die hier als "Organisation" aufscheint:

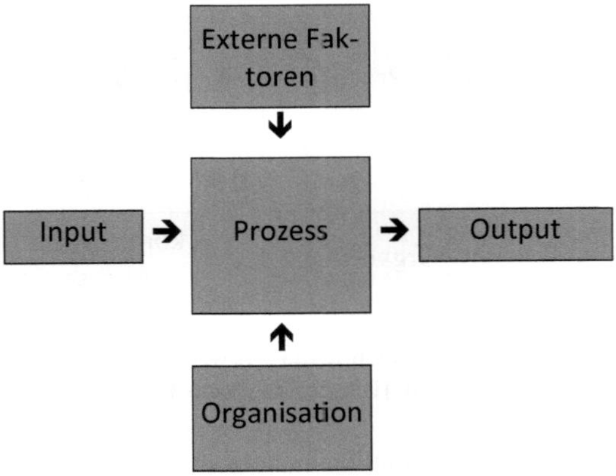

Abb. 5: Prozessdarstellung nach Kalina, erweitert durch Albl-Mikasa [Darstellung nach Eichmeyer et al. 2014]

Im Sinne des Qualitätsmanagements ist es nicht ausreichend, die (Teil-) Prozesse zu definieren und mit einander in Verbindung zu setzen, sondern man muss sie auch kontinuierlich verbessern. Auch die Internationale Norm ISO 9001 in der Version von 2008

> *"fordert die Wahl eines prozessorientierten Ansatzes für die Entwicklung, Verwirklichung und* ***Verbesserung*** *der Wirksamkeit eines Qualitätsmanagementsystems, um die Kundenzufriedenheit durch die Erfüllung der Kundenforderungen zu erhöhen"*. (ISO 9001:2008:6, Hervorhebung durch die Autorin)

Weiters muss die Organisation

> *"die erforderlichen Maßnahmen treffen, um die geplanten Ergebnisse sowie eine **ständige Verbesserung** dieser Prozesse zu erreichen."* (ISO 9001:2008:15, Hervorhebung durch die Autorin)

Daraus würde sich für den Dolmetschprozess eine Erweiterung durch die kontinuierliche Verbesserung und somit folgendes Bild ergeben:

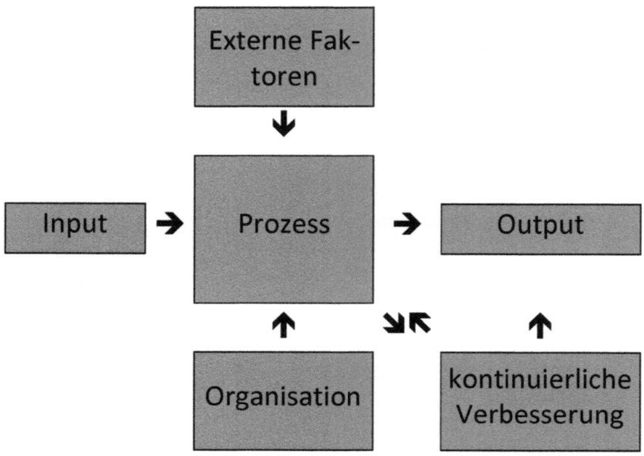

Abb. 6: Dolmetschprozess nach Kalina, erweitert durch Albl-Mikasa und durch Eichmeyer et al. [Darstellung nach Eichmeyer et al. 2014]

Mit diesem kurzen Ausflug ins Qualitätsmanagement wurde der Qualitätsbegriff für das Dolmetschen etwas erweitert und soll in dieser Form als Basis der weiteren Überlegungen verstanden werden.

Im Qualitätsmanagement sind alle Teilprozesse von gleicher Wichtigkeit für die Qualität des Endprodukts und müssen daher in gleicher Weise definiert, überwacht, analysiert und verbessert werden (vgl. ISO 9001:2008:14 f.).

Diese Betrachtung soll den Leser in den nächsten Kapiteln begleiten, wenn nach der abstrakten Beleuchtung des Dolmetschprozesses auf die praktische Arbeit eingegangen wird.

3. Luftqualität im interdisziplinären Kontext

3.1 Arbeitspsychologie

Die Arbeitsbedingungen spielen in der Arbeitspsychologie seit den 1950er Jahren eine Rolle. Maslow (1954) erklärt in seiner Bedürfnispyramide die Struktur und Dynamik menschlicher Motivation, wobei erst nach Befriedigung einer Bedürfnisgruppe die nächst höhere relevant wird. Der Aufbau dieser Pyramide setzt sich von unten nach oben wie folgt zusammen:

- physiologische Bedürfnisse
- Sicherheitsbedürfnisse
- soziale Bedürfnisse
- Bedürfnisse nach Wertschätzung
- Bedürfnisse nach Selbstverwirklichung

Abb. 7: Bedürfnispyramide nach Maslow [Eigene Darstellung]

Das Bedürfnis nach einer adäquaten Luftqualität bei der Arbeit kann in die Gruppe der physiologischen Bedürfnisse eingereiht werden und ist somit an der Basis der Bedürfnispyramide angesiedelt. Physiologische Bedürfnisse dienen der Aufrechterhaltung des organischen Kreislaufes und äußern sich in körperlichen Mangelzuständen (vgl. Maslow 1954).

Herzberg et al. (1959) entwickelten die Zwei-Faktoren-Theorie, die bis heute in der Wirtschaft Bedeutung hat (vgl. Ulich 2005:47).

Die Forscher kamen durch Befragung zu der Auffassung, dass es zwei verschiedene Arten von Faktoren gibt, die zu Zufriedenheit oder Unzufriedenheit bei der Arbeit führen. Das heißt, es gibt für sie keine Skala von unzufrieden bis zufrieden, sondern zwei Skalen: von "zufrieden" bis "nicht zufrieden" und von "unzufrieden" bis "nicht unzufrieden".

Dabei gelten die Faktoren auf der Zufriedenheitsskala als "Motivatoren", später von Herzberg auch "Kontentfaktoren" genannt, und jene auf der Unzufriedenheitsskala als "Kontextfaktoren", da diese der Arbeitsumgebung zuzuordnen sind. Dazu gehören die zwischenmenschlichen Beziehungen am Arbeitsplatz zu Kollegen und Vorgesetzten, die Arbeitsbedingungen, der Führungsstil, Entlohnung und Soziallleistungen sowie die Sicherheit des Arbeitsplatzes.

Diese Faktoren bezeichnet Herzberg später auch als "Hygienefaktoren", da sie unangenehme Situationen vermeiden, wenn sie in positiver Form vorhanden sind.

Im Kontext dieser Studie bedeutet das, dass gute Luftqualität in der Dolmetschkabine (als Teil der Arbeitsbedingungen) als Hygienefaktor zu werten ist.

Die Korrelation Arbeitszufriedenheit und Arbeitsleistung wird schon seit den 30-er Jahren des vorigen Jahrhunderts vermutet und ist seitdem in einer Vielzahl von Studien untersucht worden, unter anderem durch die Hawthorne Studies Ende der 30er Jahre (vgl. Roethlisberger & Dickson 1939), von Brayfield (vgl. Brayfield & Crockett 1955) und Herzberg (vgl. Herzberg et al.1957).

Seit der Meta-Analyse von Judge et al. (2001) geht man davon aus, dass besonders bei komplexen Tätigkeiten[11] eine hohe Korrelation zwischen Arbeitszufriedenheit und Arbeitsleistung besteht, nämlich in der Höhe von 0,51. Diese Meta-Analyse beinhaltet 312 Stichproben mit insgesamt 54.417 Teilnehmern und gibt durch ihre Größe einen guten Einblick in die Thematik, auch wenn die einzelnen Stichproben teilweise kleiner und die Blickwinkel unterschiedlich sind. Die Autoren geben genau an, wie die verschiedenen Einflussgrößen behandelt, beziehungsweise Problematiken berücksichtigt wurden.

---

11 Zur Komplexität des Dolmetschens siehe S. 66 f.

3.2 Arbeit in Dolmetschkabinen

Simultandolmetschen in Kabinen unterliegt besonderen Arbeitsbedingungen: in der Regel arbeitet mehr als nur ein Dolmetscher auf sehr engem, geschlossenem Raum, oft viele Stunden lang. Die Dolmetscher müssen dabei hohe Stressbelastungen aushalten und mentale Höchstleistungen erbringen, die äußerste Konzentration verlangen.

Diese Höchstleistung besteht im Hören/Analysieren, Merken und Übertragen von gesprochenem Wort von einer Sprache in eine andere (vgl. Gile 2009:160 ff.) in kürzester Zeit, nämlich "simultan", also gleichzeitig. Oder, wie Kade es definiert:

> *"Unter Dolmetschen verstehen wir die Translation eines einmalig (in der Regel mündlich) dargebotenen Textes der Ausgangssprache in einen nur bedingt kontrollierbaren und infolge Zeitmangels kaum korrigierbaren Text der Zielsprache."* (Kade 1968:35)

Es werden somit anspruchsvollste Live-Leistungen von Menschen erwartet, deren Arbeit durch die Tatsache, dass sie unter hohem Stress in geschlossenem Raum erbracht werden muss, oft mit der Leistung von Fluglotsen verglichen wird.

So zitiert beispielsweise auch Markus Schleufe in der Zeit Online am 26. Juni 2012 eine Studie der Weltgesundheitsorganisation (WHO) aus dem Jahr 2007; gemäß dieser sei der Beruf der Dolmetscher der drittstressigste nach dem der Piloten und dem der Fluglotsen (vgl. Schleufe 2012). Auch Michael Wittershagen (vgl. 2007), Redakteur der FAZ.net, erwähnt diese Studie am 10.4.2007 in seinem Artikel "Dolmetscher im Glück". Leider konnte die Originalstudie trotz intensiver Bemühungen bisher nicht aufgetrieben werden.

Ob nun der Beruf des Dolmetschers tatsächlich der drittstressigste ist, oder nicht, ist in diesem Zusammenhang auch nicht von grundlegender Wichtigkeit. Jedenfalls ist davon auszugehen, dass es sich um einen Beruf mit sehr hoher Stressbelastung handelt.

Im "Practical guide for professional conference interpreters" der AIIC steht zu Beginn des Kapitels über Stress und gesundheitliche Aspekte plakativ:

> *"Ours is a stressful occupation."* (AIIC 2004:23)

Verwiesen wird dabei auf die im Jahr 2001 von der AIIC durchgeführte Studie über Stress und Burnout bei Dolmetschern, deren Ergebnisse in der Interpreter Workload Study im Jahr 2002 veröffentlicht wurden (vgl. AIIC 2004 und WLS 2002). Diese Studie siedelt (Simultan-)dolmetschen eindeutig in der Kategorie der Berufe mit hohem Stressniveau an (vgl. AIIC 2004:23 und WLS 2002:5).

Laut Forbes war 2015 der Beruf des Piloten an 3. Stelle in der Hitliste der Stressberufe (hinter Feuerwehrmann und General beim (US-)Militär). Wenn man die Annahme vertritt, dass der Dolmetscherberuf tatsächlich ähnlich stressbehaftet wie der eines Jetpiloten ist, läge er in dieser Liste also sehr weit vorne.

Die Aufgaben des Dolmetschers sind nicht nur äußerst stressbehaftet, sondern auch sehr komplex. Gile beschreibt dies in seinen Effort Models (vgl. Gile 2009:157 ff.), die er nach und nach für die verschiedenen Dolmetschmodi Simultan-, Konsekutiv-, Gebärden- und Stegreifdolmetschen entwickelt hat. Das Modell hat er 1983 erstmals skizziert und seitdem immer weiter entwickelt und verfeinert. In der verwendeten Literatur bezieht er sich darauf als "up-to-date discussion" (ebd.:158), also den derzeitigen Stand der Diskussion, der nicht unbedingt der Weisheit letzter Schluss sein muss, sondern einer weiteren Entwicklung unterliegen kann. Die grundlegende Aussage ist, dass der Mensch einen Kanal mit einer gewissen Bandbreite hat, mit der er die mit dem Dolmetschen verbundenen Anstrengungen (Efforts) bewältigen kann. Innerhalb dieses Kanals fallen beim Simultandolmetschen verschiedene Aufgaben nahezu gleichzeitig an: Hören/Analysieren, Merken, Produzieren sowie die Koordination der drei vorgenannten Aufgaben. Es gilt, dass die Gesamtkapazität größer oder gleich der Summe der erforderlichen Kapazitäten der verschiedenen Efforts sein muss (vgl. ebd:169 f.). Dies lässt die hohe Komplexität des Dolmetschens erkennen.

Aufgrund dieser Komplexität und des Anspruchs der Tätigkeit der Dolmetscher ist es besonders wichtig, optimale Rahmenbedingungen zu schaffen, um ein Produkt von guter Qualität zu ermöglichen. Wie schon zuvor erwähnt, ist ein Produkt das Resultat eines Prozesses, der aus mehreren Teilprozessen bestehen kann. Bei einem dieser Teilprozesse des Dolmetschens geht es – in Anlehnung an das Prozessmodell von Kalina (2002) – um die "peri-process conditions".

Im Sinne der kontinuierlichen Verbesserung sollen die externen Faktoren nicht nur gute sondern immer bessere Bedingungen und damit die Grundlage für ein verbessertes Endprodukt schaffen.

Dazu müssen messbare, quantifizierbare Größen herangezogen werden. Die Ergebnisse dieser Studie sollen dafür Ansatzpunkte geben, indem die CO_2-Konzentration als eine dieser messbaren Bedingungen oder Faktoren in der Kabine (vgl. WLS 2002:67) behandelt wird.

3.3 Auswirkung der CO_2-Konzentration auf Konzentrations- und Leistungsfähigkeit

Für Pettenkofer war die Luftqualität, beziehungsweise die CO_2-Konzentration als Maß derselben, besonders für die Gesundheit maßgeblich. Er hatte besondere Besorgnis hinsichtlich der CO_2-Konzentration in Schulen ("die Entwicklung der Kinder", vgl. Voith 1902:42f.), was darauf hinweist, dass er auch Auswirkungen auf Leistungsfähigkeit der Schüler aufgrund hoher CO_2-Konzentration in den Klassenräumen sah.

In der Folge wird die Leistungsfähigkeit als zentrales Anliegen behandelt.

Es gilt als allgemein bekannt, dass Sauerstoffmangel, beziehungsweise ein zu hoher CO_2-Gehalt, negative Auswirkungen auf die Konzentrationsfähigkeit und damit auf das Leistungsvermögen hat.

Bevor die Auswirkungen der CO_2-Konzentration behandelt werden, soll zuerst beschrieben werden, was eine Erhöhung des CO_2-Gehalts in der Atemluft im menschlichen Körper bewirkt:

Kohlendioxid hat wichtige physiologische Funktionen für den menschlichen Organismus, zum Beispiel regelt CO_2 die Atmung.

Normalerweise befinden sich in der Außenluft 350 bis 400 ppm CO_2. Bei Ansteigen dieses Wertes [wie es in geschlossenen Innenräumen geschieht, Anmerkung der Autorin] erhöht sich die Atemfrequenz und das Atemzugvolumen (vgl. Umweltbundesamt 2008:1362). Das CO_2 wirkt erweiternd auf die Bronchien und erhöht dadurch das Totraumvolumen[12]. Das Totraumvolumen nimmt nicht am Gasaustausch teil (vgl. Malteser 2005:3). Diese gefäßerweiternde Wirkung führt aber nicht zu einem Abfall des Blutdrucks, weil es zu einer erhöhten Adrenalinausschüttung kommt, die ihrerseits zu einer ausgleichenden Gefäßverengung (Vasokonstriktion) führt (vgl. Umweltbundesamt 2008:1362). Die Gefäßerweiterung findet aber nicht nur im Respirationstrakt statt sondern auch im Gehirn.

Höhere Konzentrationen wirken auf das zentrale Nervensystem zunächst stimulierend, danach depressorisch (vgl. Deutsche Forschungsgemeinschaft 2014:1). Sowohl die respiratorischen also auch die zentralnervösen Mechanismen sprechen unmittelbar auf die aktuelle CO_2-Konzentration an. Ein starker Anstieg des CO_2 im Blut führt zu einer Erhöhung von Wasserstoff- und Bicarbonationen[13], was eine respiratorische Azidose[14] zur Folge hat, sobald die Pufferkapazität im Blut überschritten wird. Der Körper reagiert darauf mit einer schnellen Elimination des CO_2. Die Ausscheidung der Wasserstoff- und Bicarbonationen erfolgt über die Nieren, um das Säure-Base-Gleichgewicht herzustellen, was langsamer vonstatten geht und es so zu einer Retention von Bicarbonat kommt. (vgl. Deutsche Forschungsgemeinschaft 2014:2).

Die erhöhte Atemfrequenz und damit die Anstrengungen des Körpers das CO_2 abzuatmen und das Säure-Base-Gleichgewicht wieder herzustellen kann zu Müdigkeit, Kopfdruck, Kopfschmerzen und anderen Beschwerden führen.

Auch die Technischen Regeln für Arbeitsstätten ASR A3.6 führen wie folgt an:

> *"Sind die Beschäftigten und sonstigen anwesenden Personen die bestimmende Ursache für Stofflasten im Raum, ist die CO_2-Konzentration ein anerkanntes Maß für die Bewertung der Luftqualität.* ***Erfahrungsgemäß*** *hat eine erhöhte CO_2-Konzentration einen negativen Einfluss auf die Aufmerksamkeitsleistung."* (vgl. ASR A3.6, Hervorhebung durch die Autorin)

---

12 Das luftleitende System im Körper nimmt ein gewisses Volumen ein (auch respiratorischer Totraum). Jeder Atemzug bringt ca. 500 ml Luft in den Respirationstrakt, wovon ca. 2/3 in die Lungenaveolen gelangen, der Rest bleibt in den Atemwegen wie Bronchien, Luftröhre und Kehlkopf (vgl. Malteser 2005).

13 $CO_2 + H_20 \rightarrow H_2CO_3 \rightarrow H^+ + HCO_3^-$; die Wasserstoff- und Bicarbonationen werden über die Nieren ausgeschieden.

14 Atmungsbedingte Übersäuerung.

Die von der AIIC durchgeführte Interpreter Workload Study führt die Luftqualität als Bestandteil einer der drei Stressfaktoren (psychologische, physikalische und physiologische Parameter) auf, nämlich als ersten der physikalischen Parameter, und stellt folgendes fest (WLS 2002:5f.):

> *"Each factor in itself, as well as combination of these factors, can increase or decrease the levels of stress that interpreters experience at work and is also liable to affect* ***performance****."* (WLS 2002:6, Hervorhebung im Original)

Es existieren Untersuchungen aus dem Schul- und Büroarbeitsbereich, die eine direkte Korrelation zwischen CO_2-Konzentration im Klassenraum beziehungsweise im Büro und Leistungsfähigkeit herstellen. Einige davon werden hier vorgestellt:

3.3.1 Daisey et al.

Daisey et al. (vgl. 2003:53–64) analysierten im Jahr 2000 die vorhandenen Informationen von Luftqualität in Innenräumen, Lüftung und Gesundheitssymptomen in Schulen. Sie verwendeten dabei Studien, die an Schulen in den USA, Canada, Norwegen, Schweden, Dänemark, den Niederlanden und Italien durchgeführt worden waren. Darunter waren sowohl Schulen, in denen über schlechte Luft geklagt wurde, und solche, wo es kein Bewusstsein über mangelnde Luftqualität gab.

Generell stellten sie fest, dass ein signifikant hoher Anteil aller Schulen dem ASHRAE Standard 62.1–1999[15] offensichtlich nicht entspricht. Der Anteil sei, auch wenn es darüber keine große Datenmenge gibt, in transportablen Klassenräumen höher.

Nur zwei dieser Studien (eine schwedische und eine norwegische) verwendeten in ihren Untersuchungen Fragebögen zu Krankheitssymptomen und führten Leistungstests durch.

---

15 Die derzeit aktuelle Version dieses Standards der ASHRAE (American Society of Heating, Refrigerating and Air-Conditioning Engineers) ist die aus dem Jahr 2013: ASHRAE 62.1-2013 – Ventilation for Acceptable Indoor Air Quality (ANSI Approved).

Eine davon ist ein großangelegtes dreijähriges Forschungsprojekt der Norweger Myhrvold, Olsen und Lauridsen (vgl. Myhrvold et al. 1996).

3.3.2 Myhrvold et al.

Es ging dabei um die Renovierungen von 8 Schulen mit 35 Klassen und ungefähr 800 Schülern, da die norwegischen Behörden einen besorgniserregenden Anstieg von Asthma und Allergien bei Kindern festgestellt hatten. Die Renovierungen sollten so durchgeführt werden, dass danach ein optimales Raumklima geboten wird. Um die Wirksamkeit zu überprüfen wurden Pre- und Posttest durchgeführt (vor und nach der Renovierung), wobei jeweils eine Gruppe (Klassenraum wurde renoviert) und deren Kontrollgruppe (Klassenraum wurde nicht repariert) Pre- und Posttest absolvierten und die andere Gruppe und deren Kontrollgruppe keinen Pre- sondern nur den Posttest absolvierten. Untersucht wurden sowohl Gesundheitsaspekte, die mittels einer Umfrage per Fragebogen abgefragt wurden als auch Leistungsaspekte. Für letztere wurde der Konzentrationstest SPES[16] verwendet und in normaler Unterrichtssituation durchgeführt. Die Dauer der Tests lag bei 30 Minuten [vergleichbar mit der Dauer eines Turns von Konferenzdolmetschern, Anmerkung der Autorin]. Die Messungen der CO_2-Konzentration erfolgten alle 10 Minuten während des Schultages.

Die Ergebnisse der Messungen der CO_2-Konzentration ergaben folgende Durchschnittwerte:

CO_2-Konzentration	% der Schulklassen
0 bis 999 ppm	48,90%
1000 bis 1499 ppm	24,90%
1500 bis 4000 ppm	26,40%

Tab. 2: Durchschnittliche CO_2-Konzentrationen in Schulklassen [Darstellung nach Myrvold et al. 1996]

Für die Auswirkungen auf das gesundheitliche Befinden wurden zwei Gesundheitsindizes erstellt, wobei im Rahmen dieser Arbeit nur der Index 1 weiter betrachtet wird:

16 SPES – Swedish Performance Evaluation System.

Gesundheitsindex 1 – Kopfschmerzen, Schwindel, Schweregefühl im Kopf, Müdigkeit, Konzentrationsschwierigkeiten, Geruchsbelästigung

Gesundheitsindex 2 – Reizungen der oberen Atemwege

Häufigkeit und Grad des Auftretens des Index 1 stieg signifikant mit dem Anstieg der CO_2-Konzentration. In Umgebungen mit CO_2-Konzentrationen von über 1500 ppm ist das Ergebnis noch extremer: hier fanden die Forscher eine statistisch signifikante Teilkorrelation zwischen Kopfschmerzen, Schwindel, Schweregefühl im Kopf, Müdigkeit, Konzentrationsschwierigkeiten, Geruchsbelästigung und hohen CO_2-Konzentrationen (1500 bis 4000 ppm).

Der Leistungsindex zeigt ebenso eine signifikante Korrelation zwischen CO_2-Konzentration und Leistung wie Abb. 8 zeigt, wobei negative Werte auf der y-Achse gute Leistung und positive Werte auf der y-Achse schlechte Leistung bedeuten.

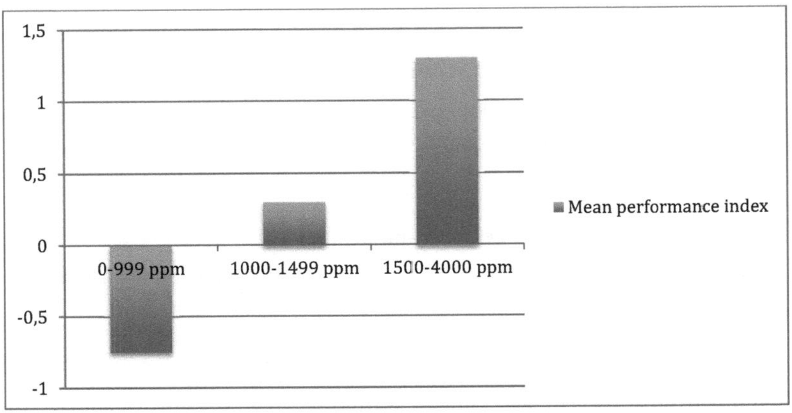

Abb. 8: Korrelation zwischen CO_2-Konzentration und Leistung [Darstellung nach Myhrvold et al. 1996:5]

3.3.3 Muscatiello et al.

Besonders interessante Ergebnisse brachte eine Studie von Muscatiello et al. (vgl. Muscatiello et al. 2015:157–167):

Während vorhergehende Studien im schulischen Bereich nur den möglichen Einfluss von erhöhter CO_2-Konzentration im Klassenzimmer auf die Schüler untersuchen (sowohl in Bezug auf Leistung als auch auf Gesundheit) und auch festgestellt haben, hat diese Studie zum Ziel, den Zusammenhang zwischen CO_2-Konzentration und gesundheitlichen Symptomen von Lehrern herzustellen. Es gibt wesentliche physiologische Unterschiede zwischen Kindern und Erwachsenen (vgl. Rickauer 2014), daher gewinnt diese Studie im Vergleich zu den früheren an Bedeutung für die Arbeitswelt.

Die angewendete Methode kombiniert Umfragen, Beobachtung, Messungen von CO_2-Konzentration und gesundheitlichen Beschwerden von Lehrern und ist so aufgebaut, dass die Lehrer vor Abschluss der Studie nicht wussten, worum es dabei ging.

Die Messungen wurde in 64 Klassen von insgesamt 10 Schulen im Bundesstaat von New York durchgeführt, jeweils während 48 h an zwei aufeinander folgenden Tagen. Die Schulen wurden aufgrund der freiwilligen Teilnahme ausgewählt, nicht aufgrund bekannter Belüftungsprobleme. Die Messgeräte wurden im Lehrerbereich auf einer Höhe von 1,50 m so angebracht, dass sie nicht manipuliert werden konnten. Die Korrelationskoeffizienten wurden als Spearman'sche Rangkorrelationen kalkuliert, um sowohl die Beziehung zwischen Tag 1 und Tag 2 herstellen zu können als auch die der durchschnittlichen CO_2-Konzentrationen über 1000 ppm und die Maximalwerte beider Tage.

Ohne zu sehr ins Detail zu gehen kann festgestellt werden, dass die Studie höchst umsichtig angelegt wurde, um von vornherein verzerrende Ergebnisse so weit wie möglich auszuschließen.

Die untersuchten Auswirkungen waren "irgendeine Art von Symptomen", "Schleimhautreizungen" (Nasenrinnen, Kehlkopfreizung, Augenreizung, Allergien, Nebenhöhlenprobleme), "untere Atemwege" (Husten, Kurzatmigkeit, Asthma-Attacken), "neuro-physiologische Symptome" (Kopfschmerzen, Konzentrationsschwäche, Müdigkeit) und "Hautreizungen". Da im Rahmen dieser Studie nur die neuro-physiologischen Symptome von Interesse sind, wird im Weiteren auch nur noch auf diese Bezug genommen.

Die für diese Studie relevantesten Ergebnisse waren folgende:

- es konnte bei den Lehrern ein statistisch signifikanter Zusammenhang (in einem Vertrauensbereich von 95%) zwischen erhöhter CO_2-Konzentration und den neuro-physiologischen Symptomen Kopfschmerzen, Konzentrationsschwäche und Müdigkeit nachgewiesen werden, und dies trotz einer kleineren Stichprobe und geringeren maximalen CO_2-Konzentrationen als bei früheren Untersuchungen.
- Die Chance eines Anstiegs des Auftretens der Symptome Müdigkeit, Konzentrationsschwierigkeiten und Kopfschmerzen wurde mit 2–64% pro 100 ppm Anstieg der CO_2-Konzentration berechnet. Bei einer früheren Studie von Norbäck und Nordström (2008) in Computerräumen an Universitäten wurden sowohl die Faktoren Temperatur und CO_2-Konzentration berücksichtigt. Damals hielt man den Faktor Temperatur für ausschlaggebender, aber nach Regulierung der Temperatur, der relativen Luftfeuchtigkeit und der Luftaustauschrate [ohne Regulierung der CO_2-Konzentration, Anmerkung der Autorin] blieb die statistisch relevante Korrelation zwischen CO_2-Konzentration und Kopfschmerzen weiterhin bestehen.
- die Symptome verschlimmerten sich laut Angabe der Lehrer im Lauf der Schulwoche, wurden am Wochenende besser und verschlimmerten sich erneut ansteigend von Beginn bis Ende der darauf folgenden Schulwoche.
- die Symptome waren in alten Schulgebäuden (älter als 40 Jahre) weniger stark ausgeprägt als in neuen Gebäuden. [Das dürfte wohl mit der verbesserten Isolierung der neueren Gebäude zusammenhängen, Anmerkung der Autorin]
- die Werte variierten teilweise stark von Klassenraum zu Klassenraum in einer Schule. In acht der zehn Schulen gab es zumindest einen Raum ohne CO_2-Konzentration über 1000 ppm und einen mit einem Wert während 50% der Zeit von über 1000 ppm. Das bedeutet für das Klimamanagement, dass Klassenräume individuell überwacht und geregelt werden müssen. [für Dolmetschkabinen könnte Ähnliches notwendig sein, Anmerkung der Autorin]
- Es ist hilfreich in Betracht zu ziehen, dass es sich bei dieser Studie um keine extremen CO_2-Konzentrationen handelt, im Gegenteil: die Autoren füh-

ren an, dass in der vorliegenden Studie die maximale CO_2-Konzentration in 20% der Fälle bei über 1000 ppm und die maximale Konzentration der gesamten Studie bei 1591 ppm lag. Dahingegen sei beispielsweise bei einer früheren Studie aus dem Jahr 2010 bei 50% der Klassenräume eine CO_2-Konzentration von über 1500 ppm festgestellt worden.

- Die größte Stärke der Studie liegt nach Ansicht der Autoren darin, dass ein Zusammenhang zwischen der CO_2-Konzentration und den von den Lehrern berichteten Symptomen hergestellt wurde. Weiters, dass die Schulen keine "Problemschulen" in Bezug auf Luftqualität waren und drittens, dass die Lehrer nicht über den Forschungsgegenstand informiert waren. Es gab auch keine weiteren nennenswerten Störfaktoren, die die Ergebnisse verfälschen hätten können wie zum Beispiel Staub, Feuchtigkeit, chemische Reizstoffe, andere Plagen oder Mäusebefall.

Als Schlussfolgerung kann laut dieser Studie zusammengefasst werden: Lehrer, die in Klassenräumen mit durchschnittlichen CO_2-Konzentrationen von über 1000 ppm oder mit CO_2-Höchstwerten unterrichten, haben eine signifikant höhere Wahrscheinlichkeit, unter Kopfschmerzen, Konzentrationsschwächen und Müdigkeit zu leiden.

3.3.4 Seppänen et al.

Olli Seppänen hat sich sowohl alleine als auch gemeinsam mit anderen Forschern mit dem Themenkreis Luftinnenraumqualität eingehend beschäftigt.

Aus dem Arbeitsbereich ist vor allem eine Studie von Seppänen et al. zu erwähnen: "Ventilation and Performance in Office Work" (vgl. Seppänen et al. 2006). Diese Studie hatte das Ziel festzustellen, ob eine erhöhte Lüftung zu besserer Arbeitsleistung führt.

Dabei verwendeten sie neun Studien, die den Forschungsgegenstand in verschiedenen Ländern, Settings, Stichprobengröße und mit verschiedenen Luftzufuhrvolumina im Zeitraum 1997 bis 2004 untersuchten. Die Ergebnisse zeigten einen quantitativen Zusammenhang zwischen Arbeitsleistung und Lüftung innerhalb einer weiten Bandbreite von Lüftungsquoten. Die Forscher stellten unter anderem ab einer Anhebung der Lüftung auf 15 Liter pro Sekunde pro Person eine statistisch signifikante Verbesserung der Arbeitsleistung fest mit einem

Konfidenzintervall von 95%. Ab 45 Liter pro Sekunde pro Person konnte keine weitere Leistungssteigerung festgestellt werden.

Diese Studie spricht zwar nicht explizit von der CO_2-Konzentration (nur eine der verwendeten Studien führt auch diese an), aber die Lüftung erfolgte in allen Studien mit Frischluft, daher können die Ergebnisse prinzipiell auch für das Thema CO_2-Konzentration und deren Auswirkung auf die Leistungsfähigkeit verwendet werden. Frischluftzufuhr reguliert beziehungsweise senkt zweifelsohne die CO_2-Konzentration.

Seppänen et al. beschäftigten sich aber auch mit der CO_2-Konzentration. Eine Studie aus dem Jahr 1999 scheint eine Art Referenz für alle zu sein, die sich mit dem Thema befassen, da sie immer wieder in den Bibliographien aufscheint: "Association of Ventilation Rates and CO_2 Concentrations with Health and other Responses in Commercial and Institutional Buildings" (vgl. Seppänen et al. 1999). Die Ziele dieser Studie waren herauszufinden, ob

- die Belüftungsrate oder die CO_2-Konzentration in den allgemein anzutreffenden Ausmaßen die Gesundheit des Menschen beeinträchtigen oder andere menschliche Reaktionen hervorrufen kann,
- ob es Grenzwerte für Belüftungsrate oder CO_2-Konzentration gibt, über oder unter denen keine messbaren Auswirkungen zu beobachten sind,
- eine durchschnittliche Dosis-Wirkungs-Beziehung zwischen Belüftungsraten oder CO_2-Konzentration und menschlichen Reaktionen abgeleitet werden kann.

Diese Untersuchung umfasst 21 Studien von fast 30.000 Probanden in über 350 Gebäuden.

Ein Begriff, der in den meisten der Studien, die sich mit dem Thema Luftqualität befassen, immer wieder zu lesen ist, ist das SBS oder Sick Building Syndrom, daher soll es hier kurz erläutert werden. Die Symptome des SBS sind Reizungen von Augen, Nase und Rachen; Hautrötungen; geistige Ermüdung; Kopfschmerzen; häufige Infektionen der Atemwege und Husten; Trockenheit von Schleimhäuten und Haut; Heiserkeit; Jucken und nicht spezifizierte Hypersensibilität; Übelkeit und Schwindel (Seppänen et al. 1999:226). [Anmerkung der Autorin: die Auswirkungen "mental fatigue" (geistige Ermüdung) und "headache" (Kopfschmerzen) haben einen eindeutigen Einfluss auf die Leistungsfähigkeit des Menschen, damit sind SBS Symptome im Rahmen dieser Studie ein wichtiger Anhaltspunkt.]

In dieser Studie wird auch erwähnt, dass der Mensch nicht der einzige Erzeuger von CO_2 ist, sondern es auch Emissionen zum Beispiel von Bürogeräten geben kann (Seppänen et al. 1999:227).

Die Ergebnisse zeigen, dass

- signifikante Zusammenhänge zwischen CO_2-Konzentration und generellen Symptomen wie zum Beispiel Kopfschmerzen bestehen,
- allgemein ein Zusammenhang zwischen CO_2-Konzentration und gesundheitlichen Aspekten und wahrgenommener Luftqualität (PAQ) besteht, auch wenn einige der Studien, in denen die CO_2-Konzentration gemessen wurde, dies nicht belegen konnten. Das lag daran, dass die Messungen nicht an den richtigen Stellen, in unpassenden Intervallen und bei wechselnder Belegung der Räume durchgeführt wurden. Des Weiteren wurden in einigen nur Spitzenwerte erfasst, während in anderen durchschnittliche Werte verwendet wurden. Die verzerrenden Faktoren der Messungen werden in der Studie genau beschrieben. Darauf soll hier aber nur hingewiesen und auf eine weitere Behandlung derselben verzichtet werden (Seppänen et al. 1999:245).

Aber es gab nicht nur Negativ-Ergebnisse: eine verbesserte PAQ wurde wahrgenommen, wenn die CO_2-Konzentration auf 500–600 ppm bei einer stetigen Belüftungsrate von 34,7–20,8 Liter/s pro Person sank.

Besonders interessant an dieser Studie war auch die Behandlung der Energieeffizienz. Diese soll hier kurz angesprochen werden, da Wirtschaftlichkeitskriterien sicher ein wichtiger Punkt sein werden, sollte sich als Ergebnis dieser Arbeit herausstellen, dass Modifikationen beziehungsweise zusätzliche technische Einrichtungen an Dolmetschkabinen notwendig wären, um einen Beitrag zur einer möglichen Verbesserung der Qualität der Dolmetschleistung zu leisten.

Seppänen et al. erwähnen, dass die notwendigen Belüftungsraten oft aus Energiespargründen nicht gegeben sind, dass aber bei richtigem Design der Gebäude und qualifiziertem Personal, das sowohl die Anforderungen für gute Luftqualität in Innenräumen als auch die für Energieeffizienz kennt, beides gleichermaßen erreicht werden kann (Seppänen et al. 1999:248).

Es gibt noch ein weiteres Argument für die Wirtschaftlichkeit ausreichender Belüftungsraten: Die primären Quellen für Produktivitätssteigerung sind reduzierte Krankenstands- und Pflegekosten, reduzierter Arbeitsausfall und erhöhte Leistungsfähigkeit der Mitarbeiter. [Im Dolmetschkontext trifft diese Aussage natürlich nur auf die angestellten Dolmetscher zu; Anmerkung der Autorin]. Die monetären Werte der oben beschriebenen Elemente entsprechen den Gesamtenergiekosten von Gebäuden und sind wesentlich höher als die Energiekosten für Belüftung (vgl. Seppänen 1999). Auch in einer späteren Publikation kommt Seppänen auf diese grundsätzliche Aussage zurück:

> *"The requirements for good indoor air quality and energy efficiency have often be considered to conflict with each other. This is not necessarily true. Buildings with low energy consumption in Europe also seem also to have lower rate of building related symptoms. This indicates the importance of qualified, well trained operational personnel who understand both the requirements for good indoor air quality and energy efficiency."* (Seppänen 2007)

Abschließend bemerken Seppänen et al. in der Studie, dass

> *"the complex relationship between ventilation rate and air quality greatly complicates research on the associations of ventilations rates with health outcomes and perceived air quality."* (vgl. Seppänen et al. 1999:248)

Dennoch zeigen fast alle untersuchten Studien einen statistisch signifikanten Zusammenhang zwischen Belüftungsrate beziehungsweise CO_2-Konzentration und Krankheitsbildern (wie zum Beispiel SBS) und PAQ.

3.3.5 RaBe Studie

Eine deutsche Studie zum Einfluss der CO_2-Konzentration auf die Leistung der Schüler wurde im Zeitraum November 2009 bis April 2010 durchgeführt, die sogenannte RaBe Studie – Raumluftqualität und das Befinden von Kindern (Twardella et al. 2012).

Eine frühere Studie brachte Ergebnisse von Messreihen in 91 bayrischen Schulklassen, die CO_2-Konzentrationen zwischen 598 und 4172 ppm aufzeigten (vgl. Fromme et al. 2008). In 25% der Schulklassen lag der durchschnittliche Wert über 2000 ppm und bei 10% sogar über 2700 ppm.

Die Autoren der RaBe Studie sahen den Einfluss von CO_2-Konzentration auf die Konzentrationsfähigkeit der Schüler in früheren Studien nicht ausreichend belegt und entwickelten daher das Design der Studie mit dem Ziel, den Einfluss der Innenraumluftqualität (ausgedrückt in CO_2-Konzentration) auf die Konzentrationsfähigkeit (als Ergebnis des Aufmerksamkeits-Belastungs-Tests "d2"[17]) der Schüler zu bewerten. Die von der Ethik-Kommission der Bayerischen Landesärztekammer und dem Bayerischen Ministerium für Unterricht und Kultus genehmigte Studie wurde mit einem cluster-randomisierten cross over Design durchgeführt.

Insgesamt wurden 6 Grundschulen ausgewählt (5 in Bayern, eine in der Nähe von Berlin), die die Anforderungen für die Studie erfüllten und die Teilnahme zusagten. Insgesamt waren es 20 Klassen und 417 Schüler der dritten beziehungsweise vierten Schulstufe. Eine der wichtigsten Anforderungen war, dass ein mechanisches Belüftungssystem für die Schulklassen zur Verfügung stand, denn für die Studie war es notwendig, die Luftqualität manipulieren zu können.

Folgende Experimentsituationen wurden hergestellt:

- Gewohnte Bedingungen: dabei wurde die mechanische Belüftung eingestellt wie immer. Fenster durften auch wie sonst geöffnet werden.
- Schlechtere Bedingungen: die Belüftung wurde reduziert und Fenster durften nicht geöffnet werden. Ziel war es, eine CO_2-Konzentration zwischen 2000 und 2500 ppm zu erreichen. Damit sollten winterliche Verhältnisse von mangelhaft belüfteten Schulräumen hergestellt werden.
- Bessere Bedingungen: die Belüftung wurde so erhöht, dass eine CO_2-Konzentration von unter 1000 ppm erreicht wurde. Fenster durften auch

---

17 Der Test besteht aus 14 Reihen mit 47 Zeichen („d“ und „p“), die oben und/oder unten mit einem bis vier Strichen markiert sind. Die Probanden sollen die mit zwei Strichen markierten „d“ durchstreichen und haben für jede der 14 Reihen je 20 Sekunden zur Verfügung. Gemessen wird dabei die Konzentrationsleistung (vgl. Brickenkamp 2002).

hier nicht geöffnet werden. So sollten die optimalen von Experten geforderten Bedingungen hergestellt werden.

Die Tests wurden an je zwei Tagen drei aufeinanderfolgender Wochen ausgeführt und zwar immer mit der vollen Klassenbelegung. In einer der Wochen wurden die normalen Bedingungen hergestellt, die die Klassen üblicherweise haben, in einer Woche wurden schlechtere und in einer weiteren Woche bessere Bedingungen hergestellt. Die Randomisierung erfolgte dabei sowohl nach Klassen als auch nach Abfolge der Versuchssituationen (gewohnte/schlechtere/bessere Luftqualität). Die Versuche wurden als Blindtests durchgeführt, die Teilnehmer waren hinsichtlich des Experiments nicht informiert, sie wussten also nicht von den jeweiligen Bedingungen und auch nicht vom Ziel der Versuche.

Die d2-Tests wurden in der vierten Schulstunde nach drei vorhergehenden Schulstunden und den normalen Pausen durchgeführt.

Das Experiment konnte zwar keine statistisch relevante Abhängigkeit der Konzentrationsleistung (dem primären Parameter) vom CO_2-Gehalt in der Luft feststellen, sehr wohl aber einen signifikanten Anstieg der Fehlerhäufigkeit [also Verschlechterung der Qualität, Anmerkung der Autorin]: bei einem Anstieg der CO_2-Konzentration um durchschnittlich 1000 ppm lag der Korrelationsfaktor bei 1,19 bei einem Vertrauensintervall von 95% (vgl. Twardella et al.:6).

3.3.6 Bundesministerium für Umwelt

Auch das Bundesministerium für Umwelt, Naturschutz und Reaktorsicherheit setzt sich für das Thema Luftqualität ein und hat Materialien für Bildung und Information, didaktisch aufbereitet für Schulen erarbeitet.

In "Mir stinkt's! " wird das Thema Innenraumluft thematisiert und die Schüler in Bezug auf CO_2-Konzentration sensibilisiert (BUM 2010:33 ff.). Neuerdings sind diese Materialen auch online verfügbar (BUM 2010a).

3.3.7 Energieagentur Österreich

Die Energieagentur Österreich (2001) informiert, dass gemäß einer an 20 oberösterreichischen Schulen durchgeführten Studie in keiner einzigen Schule "gute Luftqualität" herrschte. Zur Bewertung der Luftqualität wurde die CO_2-Konzentration in ppm herangezogen:

CO_2-Belastung (Maxima)	Charakterisierung	Anzahl	in%
< 1000 ppm	Gute Luftqualität	0	0%
1000–1500 ppm	Noch ausreichende Luftqualität	5	25%
1500–2000 ppm	Konzentrationsfähigkeit beeinträchtigt	4	20%
2000–3000 ppm	Konzentrationsfähigkeit stark beeinträchtigt	8	40%
> 3000 ppm	Unzumutbare Luftqualität	3	15%

Tab. 3: Auswertung der Luftqualität an oberösterreichischen Schulen [Darstellung nach Energieagentur Österreich]

Die Energieagentur untersucht die verschiedenen Lüftungsstrategien und stellt in den Versuchen folgendes fest:

Bei Stoßlüften von 5 Minuten während der Pausen sinkt die CO_2-Konzentration zwar ab, bleibt dennoch weit über den geforderten 1000 ppm und steigt danach schnell wieder stark an. Nur in der sogenannten "großen Pause" um 10 Uhr fällt der Wert unter 1000 ppm.

Werden die Fenster 10 Minuten nach jeder Stunde (bis in den Beginn der nächsten Stunde hinein) geöffnet, sinkt die CO_2-Konzentration nach jeder Lüftung unter 1000 ppm.

Sind alle Fenster permanent gekippt, bewegen sich die Werte der CO_2-Konzentration in der Nähe von 1100 ppm, also wesentlich besser, allerdings ist eine permanente Kipplüftung aus energetischen Gründen nicht vertretbar und je nach Lage der Schule wäre dadurch auch die Lärmbelastung zu hoch.

Es wurde ein einfaches mechanisches Klassenraum-Lüftungsgerät entwickelt, wodurch die CO_2-Konzentration dauerhaft um die 1000 ppm gehalten werden konnte.

Als Fazit stellt die Energieagentur unter anderem fest:

- Es kommt zu einem höheren Konzentrationsvermögen der Schüler, zu höherem Lernerfolg und somit zu einer geringeren Anzahl an Wiederholungen von Schuljahren – mit allen damit zusammenhängenden volkswirtschaftlichen Nutzen.

- Es wird eine höhere Arbeitsplatz-Qualität für die Pädagogen erreicht, verbunden mit höherer Zufriedenheit, was letztlich auch ein volkswirtschaftlicher Aspekt sei.

3.4 Auswirkungen auf die Gesundheit – Arbeitsplatzgrenzwerte

CO_2 ist ein ungiftiges, farb- und geruchloses Gas, das weder explosiv noch brennbar und kein gefährlicher Stoff im Sinne der Gefahrstoffverordnung ist. Es ist ein normaler Bestandteil der Atemluft und fast sämtlicher natürlicher Stoffwechselprozesse. Die vom Menschen ausgeatmete Luft enthält ca. 4% CO_2 (vgl. BGR 2010).

Ab einer gewissen Konzentration beeinflusst CO_2 aber das Wohlbefinden und in noch höherer Konzentration kann es sogar zum Tod führen. Das dumpfe Gefühl in überfüllten, schlechtgelüfteten Räumen ergibt sich aus der erhöhten CO_2-Konzentration, die indirekt den Sauerstoffhaushalt des Blutes beeinflusst (vgl. BGR 2010).

Zuerst erhöht sich das Atemzeitvolumen, danach kommt es zu Kopfschmerzen und Schwindel und zuletzt kommt es zum Tod durch Ersticken:

1,5%	Zunahme des Atemzeitsvolumens um mehr als 40%
4%	Konzentration in der Atemluft beim Ausatmen
5%	Auftreten von Kopfschmerzen, Schwindel
8–10%	Atemnot, Blutdruckanstieg, Ohrensausen, Brechreiz, Blaufärbung der Haus, Schwächegefühl, Bewegungsstörungen und schließlich Bewusstlosigkeit, Eintreten des Todes nach 30–60 Minuten
20%	Plötzliches bewusstloses Zusammenbrechen, Eintreten des Todes nach 5–10 Minuten

Tab. 4: CO_2-Konzentrationen (in Volumen-Prozent) und ihre Wirkung [Darstellung nach BGR 2010]

Der deutsche Gesetzgeber hat die Auswirkungen schlechter Luftqualität auf die Gesundheit erkannt und legt dafür die Grenzwerte empfohlener und maximal erlaubter Werte fest. Er legt dabei strengere Maßstäbe an als aus der Publikation der Bundesanstalt für Geowissenschaften und Rohstoffe zu erwarten wäre, diese gibt einen Richtwert von 1500 ppm an.

In den Technischen Regeln für Arbeitsstätten (ARS) A3.6 vom Januar 2012, geändert durch GMBl 2013 werden die Bestimmungen hinsichtlich Lüftung geregelt. Der Anwendungsbereich wird wie folgt umrissen:

> *"Diese ASR gilt für Arbeitsplätze in umschlossenen Arbeitsräumen und berücksichtigt die Arbeitsverfahren, die körperliche Belastung und die Anzahl der Beschäftigten sowie der sonstigen anwesenden Personen. Es wird empfohlen, diese ASR auch für Pausen-, Bereitschafts-, Erste-Hilfe-, Sanitärräume und Unterkünfte anzuwenden."* (ASR A3.6:2)

Diese Regelung sieht Messungen nur dann vor, wenn *"ein begründeter Verdacht auf zu hohe CO_2-Konzentrationen vorliegt"* (ASR A3.6:5) und akzeptiert Werte bis zu 1000 ppm.

Gegebenenfalls zu treffende Maßnahmen legen die Regeln abgestuft nach gemessener CO_2-Konzentration fest (vgl. ASR A3.6:4):

CO_2-Konzentration [ml/m3] bzw. [ppm]	Maßnahmen
<1000	• keine weiteren Maßnahmen (sofern durch die Raumnutzung kein Konzentrationsanstieg über 1000 ppm zu erwarten ist)
1000–2000	• Lüftungsverhalten überprüfen und verbessern • Lüftungsplan aufstellen (z. B. Verantwortlichkeiten festlegen) • Lüftungsmaßnahme (z. B. Außenluftvolumenstrom oder Luftwechsel erhöhen)
>2000	• weitergehende Maßnahmen erfolderlich (z. b. verstärkte Lüftung, Reduzierung der Personenzahl im Raum)

Tab. 5: Maßnahmen bei erhöhten CO_2-Konzentrationen [Darstellung nach A3.6]

Ab einer Konzentration von 5000 ppm ist CO_2 für den Menschen giftig, daher scheint es in den Technischen Regeln für Gefahrstoffe auf. Als Arbeitsplatzgrenzwert werden diese 5000 ppm angegeben (vgl. TRGS 900). Definiert wird der Arbeitsplatzgrenzwert (AGW) als

> "*...der Grenzwert für die zeitlich gewichtete durchschnittliche Konzentration eines Stoffes in der Luft am Arbeitsplatz in Bezug auf einen gegebenen Referenzzeitraum. Er gibt an, bei welcher Konzentration eines Stoffes akute oder chronische schädliche Auswirkungen auf die Gesundheit im Allgemeinen nicht zu erwarten sind.*" (TRGS 900)

Der Verein Deutscher Ingenieure hat in der Norm VDI 6022 von 2011 (vgl. VDI 6022) eine Richtlinie erarbeitet, die als Leitfaden zur Beurteilung der Raumluftqualität dienen soll.

Diese stellt die Beurteilungswerte für CO_2 in drei Beurteilungsstufen im Blatt 3 so dar:

Parameter	Literaturwerte	Literaturquellen
Kohlendioxid (CO_2)	1000 ppm (hygienisch unbedenklich)	Bundesgesundheitsblatt Heft 11(2008, S. 1358–1368
	(1000...2000) ppm (hygienisch auffällig)	
	> 2000 ppm (hygienisch inakteptabel)	

Tab. 6: Beurteilungswerte nach VDI 6022 [Darstellung nach VDI 6022]

3.5 Behandlung der Luftqualität in der Dolmetschwissenschaft

In Bezug auf Qualität beim Dolmetschen kommt das Thema Luftqualität in der immer wieder zur Sprache, allerdings oft über den Umweg der Arbeitszufriedenheit. Die Luftqualität in der Kabine ist ein wesentlicher Faktor für Arbeits(un)zufriedenheit und erscheint deshalb als Stressor (vgl. WLS 2002:124), wie nachfolgend noch näher ausgeführt wird.

Das erste Mal seit dem Entstehen des Simultandolmetschens fällt "Luftqualität", beziehungsweise mangelnde Luftqualität auf, als während der Nürnberger Prozesse plötzlich kein Ton mehr aus drei der acht Kabinen kam – die Dolmetscher waren aufgrund mangelnder Luftqualität ohnmächtig geworden. Sie saßen in

Telefonkabinen und getrauten sich nicht, die Türen zu öffnen, da sie nur 50 Zentimeter entfernt von den Teilnehmern saßen und Angst hatten, diese zu stören (vgl. Kalverkämper et al. 2008:270). Es wird erwähnt, dass auch in der ersten Zeit der UNO es immer wieder vorkam, dass Dolmetscher vor Erschöpfung ohnmächtig wurden (ebd.:236). Es erhebt sich die Frage, ob der Grund dafür tatsächlich Erschöpfung war oder ob nicht auch mangelnde Luftqualität in der Kabine eine wesentliche Rolle spielte.

Wichtige Arbeiten auf dem Gebiet der Dolmetschwissenschaften stammen von Ingrid Kurz, die sich besonders mit zwei Komponenten der Luftqualität beschäftigt hat: der Temperatur und der CO_2-Konzentration.

Ausgehend von einer Aufgabenstellung durch das "Health Committee" der AIIC sollten einige der umweltbedingten Stressoren, denen Dolmetscher im Laufe eines Konferenztages ausgesetzt sind, untersucht werden.

Nach einer ersten Studie im Jahr 1980, an der nur Temperaturen in der Kabine gemessen und ein durchschnittlicher Anstieg von 5,6°C auf durchschnittlich 26,4°C ermittelt wurde (vgl. Kurz 1983:68), gab das Technische Komitee der AIIC an, dass in weiteren Studien auch die Temperatur im Saal gemessen werden sollte.

Kurz stellte daraufhin genau ein Jahr später eine vergleichende Studie von Temperaturen in der Kabine und außerhalb der Kabine an und zwar jeweils am Beginn und am Ende des Konferenztages (vgl. Kurz 1983). Die Studie lief in Österreich von Mitte September bis Mitte Oktober des Jahres 1981 an 20 Konferenztagen. Sie stellte dabei fest, dass die Temperaturen

- im Saal nahezu gleich blieben – es gab einen durchschnittlichen Temperaturanstieg von 0,9 °C vom Beginn bis zum Ende des Tages.
- um durchschnittlich 3,75°C in ortsfesten und 4,7°C in mobilen Kabinen stiegen. [Damit lagen die Temperaturen in der Kabine am Ende des Tages in allen Fällen über dem angestrebten Wert (22°C) gemäß ISO 2603, Anmerkung der Autorin]

Sie schloss daraus, dass dieser umweltbedingte Stressor für die Dolmetscher – die hohen Temperaturen – nicht aufgrund von schlechter Belüftung oder Überfüllung des Konferenzraumes herrühren kann, sondern von der inadäquaten Belüftung der Kabinen, und dass dieser Missstand sehr einfach zu beseitigen wäre, nämlich durch entsprechende Belüftungssysteme in den Kabinen.

Aufgrund der zuvor durchgeführten Studien über Temperaturentwicklung in den Kabinen im Laufe eines Dolmetschtages, die letztendlich auf mangelnde Lufterneuerung zurückgeführt wurde, entstand die Annahme, dass auch die CO_2-Konzentration zeitweise über den maximal erlaubten Wert ansteigen könnte.

> *"In the literature there is general agreement that different types of stress impair an individual's performance to a different extent. Analyses attempting to determine under which conditions to sensory, motor,* ***mental*** *and emotional functions of an individual are impaired to such a degree that there is* ***a significant decrease of performance*** *generally focus on three major areas: [...]"* (Kurz 1983a:87, Hervorhebungen durch die Autorin)

Der erste dieser angesprochenen Bereiche sind die Stressoren und darunter der erste ist der umweltbedingte Stress (environmental stress). Der Grad der Beeinträchtigung der betroffenen Personen hängt auch von der Dauer ab, während der sie dem Stressor oder einer Kombination von Stressoren ausgesetzt sind (vgl. ebd.:88). Auf Basis psychologischer und medizinischer Forschungsergebnisse sowie persönlicher Erfahrungen von Dolmetscher-Kollegen war es für Kurz ein logischer Schluss, die wichtigsten umweltbedingten Stressoren, denen Dolmetscher ausgesetzt sind, von einander getrennt zu betrachten und zu analysieren.

Ein weiterer Fakt spielte dabei eine Rolle: Konferenzdolmetscher müssen höchst anspruchsvolle Aufgaben unter Aufbietung voller Konzentration und Wachheit über lange Zeitspannen hinweg erfüllen (vgl. ebd.:89) So kam es nach den Temperatur-Studien zu der isolierten Betrachtung der CO_2-Konzentrationen. Die Kohlendioxid-Konzentration in der Kabine wurde als einer der kritischen Faktoren mit Auswirkung auf die Leistungsfähigkeit der Dolmetscher angesehen, da zu hohe Konzentration von Kohlendioxid zu Müdigkeit und Beeinträchtigung der menschlichen Leistung führen (vgl. ebd.).

Kurz führte daraufhin eine erste Messreihe durch, die in mehreren Fällen unannehmbar hohe Werte ergab. Daraufhin erstand das Health Committee der AIIC die notwendige Ausstattung für CO_2-Messungen und gab die im Folgenden behandelte Studie in Auftrag.

Die Pilotstudie "CO_2 and O_2 levels in booths at the end of a conference day" wurde in den Jahren 1981/1982 durchgeführt. Gemessen wurden sowohl der Kohlendioxid- als auch der Sauerstoffgehalt am Ende des Konferenztages (vgl. Kurz 1983a).

In den beiden CO_2-Messreihen wurden 10 Messungen in Kabinen durchgeführt, bei denen sich die Dolmetscher über schlechte Bedingungen beklagten ("stickig", "heiß", "unangenehm", "schlechte Luft"), davon acht in mobilen und zwei in ortsfesten Kabinen, und 10 Messungen in solchen Kabinen, deren Bedingungen als sehr gut beschrieben wurden (vgl. ebd.:90f.)

Die Ergebnisse zeigten, dass die subjektiven Empfindungen der Dolmetscher absolut gerechtfertigt waren, da in der ersten Messreihe (Kabinen mit schlechten Bedingungen) 6 von 10 CO_2-Konzentrationen von weiter über 1000 ppm (bis zu 2700 ppm) ergaben.

	Serie A	Serie A	Serie B
Tag	CO_2 (vol. %)	Temperatur	CO_2 (vol. %)
1	0,2	24,5	0,06
2	0,27	24	0,05
3	0,17	24	0,05
4	0,14	26	0,04
5	0,14	25	0,04
6	<0,1	24	0,04
7	0,1	24	0,06
8	<0,1	27	0,08
9	<0,1	25	0,08
10	0,25	27	0,08

Tab. 7: Ergebnisse der CO_2-Messungen in Kabinen am Ende des Konferenztages [Darstellung nach Kurz 1983a]

Kurz fordert weitere Studien (ebd.:92), die den Verlauf der CO_2-Konzentration aufzeichnen, da in der vorliegenden Studie aus Kostengründen diese nur am Ende des Tages erfasst wurde. Damit soll aufgezeigt werden, dass die CO_2-Konzentration schnell ansteigt und während des restlichen Tages auf hohem Niveau bleibt und die Dolmetscher dadurch über lange Zeitspannen hinweg widrigen Umständen ausgesetzt sind. So würde sich auch ein kompletteres Bild des Raumklimas ergeben.

Moser-Mercer (2008:154) schreibt in den Schlussfolgerungen ihres Beitrags "Construct-ing Quality" sehr nachdrücklich:

> *"We live in an age of total quality management and interpreters still have to fight, on an everyday basis, for the most fundamental ingredients of good interpreting performance, such as [...] sufficient oxygen in the booth [...]."*

Diese grundlegenden Themen, unter anderen die Luftqualität, sieht sie als Faktoren, die die Servicequalität der Dolmetscher beeinflussen. Daher müssen auch die Studien, die sich mit Qualität beschäftigen, höchsten methodischen Standards entsprechen.

Kalina (2002:127) bezeichnet in ihrem Prozessmodell periperformatorische Einflussfaktoren als relevant für die Dolmetschqualität. In der vorliegenden Studie wurde die Liste dieser Faktoren um den der Luftqualität, im Speziellen um den der CO_2-Konzentration, erweitert. Sie führt aus, dass alle Faktoren des "peri-process" einen direkten Einfluss auf die Qualität der Dolmetschleistung haben können, und dass diese Faktoren genauer daraufhin untersucht werden sollen, wie sie verbessert werden können, denn darin liege noch viel Verbesserungspotenzial für die Dolmetschqualität (vgl. ebd.).

Eine der bedeutendsten Studien im Rahmen der Dolmetschwissenschaften unter anderem auch zum Thema Luftqualität in Kabinen ist die Interpreters' Workloadstudy AIIC aus dem Jahr 2002 (vgl. WLS 2002).

Diese Studie bestand aus zwei Teilen: einer schriftlichen Umfrage und Messungen in der Kabine (Stressmerkmale der Dolmetscher, klimatischer und umweltbedingter Komfort in der Kabine, Leistungsbewertung, Fragebogen bezüglich der Kabine). Damit erhielt man eine Sicht auf die Faktoren, die für Arbeitsbelastung maßgeblich sind.

Zu diesem Thema sind folgende (direkte oder indirekte) Aussagen zu finden:

Es wurden unter anderem Klagen von Dolmetschern dokumentiert, die in einer Umgebung von über 800 ppm CO_2-Konzentration arbeiteten (vgl. ebd.:75). Interessant ist in diesem Zusammenhang, dass die in der Workload Study verwendeten Schwellenwerte zur Qualifizierung der Luftqualität etwas differenzierter sind als bei anderen in dieser Arbeit aufgeführten Tabellen:

- gut: unter 600 ppm
- mittelmäßig: 601–800 ppm
- schlecht: 801–1000 ppm
- inakzeptabel: über 1000 ppm

Im Vergleich dazu sind laut DIN EN 13779 CO_2-Konzentrationen zwischen 600 und 1000 ppm noch als mittelmäßig einzuschätzen (vgl. DIN 13779).

Bei mobilen Kabinen lagen die durchschnittlichen Höchstwerte bei 1775 ppm, wobei die Messungen nach 1,5 Stunden, dann nach 3, nach 4,5 und nach 6 Stunden genommen wurden. Bei ortsfesten Kabinen lag der Vergleichswert bei 1375 ppm. Auf den ersten Blick erscheint der Unterschied recht hoch, allerdings gab es stark variierende Messungen. Statistisch gesehen ist der Unterschied der Höchstwerte von mobilen und ortsfesten Kabinen nicht signifikant.

Selbst der durchschnittliche Wert aller Messungen von 927 (mobile und ortsfeste Kabinen) war nahe am Grenzwert der akzeptablen CO_2-Konzentration. In 29% der Kabinen war der durchschnittliche CO_2-Wert inakzeptabel und in weiteren 34% war er schlecht (vgl. WLS 2002:85).

Nimmt man nur die Werte der mobilen Kabinen, zeigt sich folgendes Bild: 80% der Kabinen erfüllten nicht die für Büroräume geforderten CO_2-Konzentrationen, und 37% überschritten die maximal erlaubten Werte gemäß ISO 4043 (vgl. ebd.:99f.). Auch in ortsfesten Kabinen waren die CO_2-Werte nicht zufriedenstellend, allerdings liegt der Grund weniger in der Größe und mangelnden Frischluftzufuhr wie bei mobilen Kabinen, sondern mehr an der zu geringen

Luftaustauschfrequenz. Statistisch gesehen war die Situation in den ortsfesten Kabinen nicht signifikant besser als bei mobilen.

In den Schlussfolgerungen der Workload Study werden größere Kabinen gefordert (für mobile, wenn sie mit zwei und für ortsfeste, wenn sie mit 3 Dolmetschern besetzt sind) sowie vom Konferenzraum unabhängige Belüftungssysteme, um die gemäß ISO 2603 und 4043 geforderten Werte erreichen zu können.

Bei der Leistungsbewertung wurde festgestellt, dass gegen Ende des Arbeitstages ein Leistungsabfall zu verzeichnen war (vgl. ebd.:108), wobei der Leistungsabfall in mobilen Kabinen stärker war als in ortsfesten (vgl. ebd.:117).

Etwas widersprüchlich erscheint, dass zwar die CO_2-Konzentration nicht als relevanter Faktor für Leistungsminderung bezeichnet wird (vgl. ebd.:122), aber arbeitsbedingte Stressoren, darunter die unzureichende Bedingungen in der Kabine sehr wohl (vgl. ebd.:126). Überhöhte CO_2-Konzentration bewirkt unter anderem Unbehagen, wie an mehreren Stellen in dieser Arbeit angeführt wird. Darüberhinaus beklagen sich auch im Rahme der Workload Study 77% der Dolmetscher in ortsfesten und 73% der Dolmetscher in mobilen Kabinen über verbrauchte Luft (vgl. ebd.:114).

Auch in jüngeren Untersuchungen spielt schlechte Luftqualität eine wichtige Rolle als Stressor. So gelangte zum Beispiel bei der von Huprich durchgeführten Befragung von 83 Probanden zum Thema "Stressfaktoren beim Simultandolmetschen" die mangelnde Belüftung auf den zweiten Platz der 35 möglichen Stressoren beim Simultandolmetschen im Rahmen der Ausbildung (vgl. Huprich 2012:73).

3.6 Luftqualität in Dolmetschkabinen

Für die Luftqualität gibt es sowohl allgemeine Normen wie die DIN EN13779 als auch spezifische für Dolmetschkabinen.

3.6.1 Normen

Die technische Norm ISO 2603 in der derzeit gültigen Fassung von 1998 legt in den (technischen) Anforderungen für ortsfeste Dolmetschkabinen unter anderem folgendes fest:

Generell unter "Introduction":

> *"a comfortable working environment enabling interpreters to maintain the intense effort of concentration required by their work."* (ISO 2603:1)

Und spezifisch in Bezug auf die Luftqualität unter 4.9 "Air conditioning":

> *"The air supply should be 100% fresh (i.e. not recycled). The air-conditioning system shall be independent from the rest of the building and of the conference-hall. Air renewal shall be seven times per hour and the carbon dioxide concentration shall not exceed 0,1%. The temperature shall be controllable between 18°C and 22°C by means of an individual regulator in each booth. Relative humidity shall be between 45% and 65%."* (ISO 2603:6)

Die technische Norm ISO 4043, ebenfalls in der gültigen Fassung von 1998, ist eine Anpassung der ISO 2603 und legt nur die Besonderheiten für mobile Kabinen fest. Sie bezieht sich unter Punkt 1 "Scope" und 2 "Normative references" auf die generellen Bestimmungen der ISO 2603. Unter dem Punkt 7 "Ventilation" steht außer dem Verweis auf die Norm für ortsfeste Kabinen:

> *"Booths shall be fitted with an effective ventilation system, ensuring complete renewal of the air at least seven times per hour, without causing harmful draughts on seated occupants. Where higher rates of air renewal can be obtained, they shall be adjustable within the booth.*
>
> *Extractor fans in the ceiling should be powerful enough to meet the above requirements as soundlessly as possible.*
>
> *Where air intake is direct from the meeting room, vents should be located low in booth walls (to benefit from cooler air and to ensure proper circulation) and towards the rear of the booth to avoid draughts on the interpreters' legs.*
>
> *The equivalent A-weighted sound pressure level inside the booth due to the ventilating system shall not exceed 40 dB. The ventilation system shall be such that mechanical vibration is reduced to a minimum."* (ISO 4043:6)

Auch wenn die Norm ISO 4043 auf die Norm ISO 2603 verweist und somit die Einhaltung der Obergrenze von 1000 ppm CO_2 Gültigkeit zu haben scheint und auch keine anderslautende Anweisung zu finden ist, muss darauf hingewiesen werden, dass die Lufterneuerung in der mobilen Kabine im allgemeinen, wenn nicht immer, mit der Luft aus dem Vortragssaal stattfindet. Somit hängt der CO_2-Gehalt in der Kabine auch von dem im Saal ab. Zwar fordert die Norm für Konferenzsäle: "*Halls shall be properly heated and ventilated (air-conditioning), with a carbon dioxide level not exceeding 0,1%.*" (ISO 4043:3), aber es stellt sich die Frage, ob diese auch eingehalten wird. Die Erfahrungen der Autorin sowie die Feststellungen von Kollegen zeigen Gegenteiliges.

Außerdem wird die CO_2-Konzentration in der Kabine durch den Stoffwechsel der Dolmetscher höher sein als die im Saal. Die organischen Ausdünstungen des Menschen gelten als Hauptkontaminator von Innenräumen und sind vor allem in Räumen, in denen Rauchverbot gilt, als solcher anzusehen (vgl. Voith 1902:43 und DIN 13779:21).

Für solche Säle müssten dann Normen wie zum Beispiel die ASR A3.6 gelten (vgl. GMBl 2013:359). Diese Norm beinhaltet die Regeln für Arbeitsstätten zum Thema Lüftung, die "den Stand der Technik, Arbeitsmedizin und Arbeitshygiene sowie sonstige gesicherte arbeitswissenschaftliche Erkenntnisse für das Einrichten und Betreiben von Arbeitsstätten" wiedergeben (vgl. ebd.).

Um eine mobile Kabine, die keine Frischluftzufuhr oder anderes System der Luftverbesserung hat, ISO 4043-konform zu machen, dürfte diese nur in einem Raum oder Saal aufgestellt werden, der selbst die Anforderungen hinsichtlich der in der ISO 2603 wie auch in der ASR A3.6 geforderten maximalen CO_2-Konzentration von 0,1% erfüllt.

Die DIN EN 13779 legt die Grundlagen und Anforderungen an Lüftungs- und Klimaanlagen für die Lüftung von Nichtwohngebäuden fest (vgl. DIN 13779). Die Anforderungen sind für Aufenthaltsbereiche zu erfüllen, wobei die wichtigsten Kriterien bezüglich Raumluftqualität folgende Angaben sind: Personenbelegung, ob Rauchverbot besteht oder nicht, sowie andere Emissionsquellen außer dem menschlichen Stoffwechsel und dem Rauchen.

Als Indikator für die Klassifizierung wird die CO_2-Konzentration verwendet, da sie ein guter Indikator für die Emission organischer Ausdünstungen durch Menschen ist (vgl. ebd.:21):

Kategorie	Beschreibung	üblicher Bereich	Standardwert
IDA1	hohe Raumluftqualität	$\leq$ 400	350
IDA2	mittlere Raumluftqualität	400–600	400
IDA3	mäßige Raumluftqualität	600–1000	800
IDA4	niedrige Raumluftqualität	> 1000	1200

Tab. 8: Klassifizierung CO_2-Gehalt in Räumen [Darstellung nach DIN 13779]

Zu den geforderten Außenluftströmungen pro Person sind in der DIN EN 13779 folgende Werte zu finden:

Kategorie	üblicher Bereich in m^3/h	Standardwert in m^3/h
IDA1	> 15	20
IDA2	10–15	12,5
IDA3	6–10	8
IDA4	<6	5

Tab. 9: Außenluftströme pro Person [Darstellung nach DIN 13779]

Für die Regelung der Luftströme (IDA-C) sieht die Norm verschiedene Möglichkeiten vor (vgl. DIN 13779:22).

IDA-C1: die Anlage läuft konstant

IDA-C2: es besteht eine manuelle Regelung (Steuerung), die einer manuellen Schaltung unterliegt.

IDA-C3: die Regelung (Steuerung) ist zeitabhängig und wird nach einem vorgegebenen Zeitplan betrieben.

IDA-C4: die Regelung (Steuerung) ist belegungsabhängig, die Anlage wird abhängig von der Anwesenheit von Personen betrieben (Lichtschalter, Infrarotsensoren, etc.)

IDA-C5: hier hat man eine bedarfsabhängige Regelung (nach Anzahl der Personen), die Anlage wird abhängig von der Anwesenheit von Personen betrieben.

IDA-C6: die Regelung erfolgt bedarfsabhängig unter Einsatz von Gassensoren. Die Anlage wird durch Sensoren geregelt, die Raumluftparameter oder angepasste Kriterien messen (CO_2, Mischgas- oder VOC-Sensoren). Die Parameter müssen an die Art der im Raum ausgeübten Tätigkeit angepaast sein.

Diese Norm legt auch fest, wieviel Bodenfläche pro Person benötigt wird um eine angemessene Raumluftqualität zu gewährleisten. Im Fall von Einzel- oder Gruppenbüros [das ist die Kategorie, in die Dolmetschkabinen einzuordnen wären, Anmerkung der Autorin] werden 10 m^2 Nettobodenfläche pro Person gefordert (vgl. DIN 13779:29). Im Vergleich dazu fordert die ISO 4043 für mobile Kabinen nur 2,56 m^2 bei einer Belegung mit zwei Dolmetschern, also 1,28 m^2 Mindestfläche pro Person (vgl. ISO 4043:4).

Eine weitere im vorliegenden Zusammenhang maßgebliche Norm ist die VDI 6022 Blatt 3 zur Beurteilung der Raumluftqualität. Sie verwendet die Begriffe Behaglichkeit und Erträglichkeit zur Beurteilung des Raumklimas durch den Menschen und fordert thermische Behaglichkeit für Innenräume (vgl. VDI 6022:7).

Für die Raumluftqualität gibt sie Beurteilungswerte in drei Stufen vor, wobei der Parameter "CO_2-Konzentration" in die erste Stufe fällt, gemeinsam mit Luftfeuchte und Lufttemperatur. Dabei werden Werte bis 1000 ppm als hygienisch unbedenklich, zwischen 1000 und 2000 als hygienisch auffällig und über 2000 ppm als hygienisch inakzeptable beschrieben.

Die Norm VDI 6032, die für Anforderungen an die Lüftungstechnik zur Personenbeförderung verfasst wurde, zeigt auf, dass Menschen unterschiedlich auf verschieden Faktoren, unter anderem auf Änderungen von CO_2-Konzentration und Sauerstoffpartialdruck reagieren können (vgl. VDI 6032:35). Sinngemäß kann diese Aussage auch auf Dolmetschkabinen übertragen werden, da es sich auch hier um einen geschlossenen Raum mit hoher Belegungsquote und besonderen Belüftungssituation handelt.

3.6.2 Aktuelle Praxis

3.6.2.1 EU-Kommission

Soweit im persönlichen Austausch herausgefunden werden konnte, findet die CO_2-Konzentration in den Kabinen auch bei der Europäischen Kommission wenig (aktive) Beachtung. Man vertraut darauf, dass die Kabinenhersteller die Einhaltung der aktuellen Standards (ISO 2603) sicherstellen.

3.6.2.2 Kabinenhersteller und -anbieter

Selbst seriöse Kabinenhersteller, die normenorientiert arbeiten, haben keine Antworten darauf, wie sie die Einhaltung der Obergrenze von 1000 ppm an CO_2 sicherstellen.

Ein Hersteller versichert, dass die Kabinen in der Entwicklungsphase auf Erfüllung der Normen getestet werden und diesen "voll und ganz entsprechen".[18]

3.6.2.3 Fa. Audipack

Schriftlich antwortet der Kabinenhersteller Audipack auf die Frage, wie die Einhaltung der Obergrenze des CO_2-Wertes von 1000 ppm sichergestellt wird:

> *"All types of Audipack interpreter booth are available with extraction fans, as described in the ISO 4043 norm. The interpreter booth models Silent 9300, Silent 9500 and Silent 6300 are fully ISO 4043 compliant. I am sorry though that there is no data available on the chemical composition of air inside the booth during use (which of course will also differ between various users). The ISO 4043 norm notes a refreshment rate of at least seven times per hour.*
>
> *Sorry that I cannot provide you with useful data."*[19]

---

18 Audipack, Telefonat vom 31.3.2015.
19 E-Mail vom 31.3.2015, siehe Anhang.

3.6.2.4 Fa. PCS

PCS bietet keine eigenen Kabinen an – sie arbeiten mit Kabinen von Audipack. Die Firma zeigt sich im persönlichen Gespräch[20] sehr interessiert und offen hinsichtlich Anpassung an Normen und nennt auch Multi-caisses Canada und Taiden China als potenziell qualitätsorientierte Kabinenhersteller, beide Firmen sind neu auf dem Markt. PCS selbst als Anbieter von Konferenztechnik überprüft nicht die Erfüllung der Normen in Bezug auf die CO_2-Konzentration.

3.6.2.5 Fa. Brähler

Auf dem Datenblatt des Modell M843H ist folgendes zu lesen:

> *"Die Kabine kann mit zwei geräuscharmen Walzenlüftern ausgestattet werden, die auf die Dachelemente aufgesetzt werden und durch Be- und Entlüftung für eine ausreichende Luftzirkulation innerhalb der Kabine sorgen."*[21]

Ein sehr freundlicher Mitarbeiter der Firma teilte mit, dass er über das Thema CO_2 in den Kabinen keine näheren Informationen hätte, sich aber mit den Technikern in Verbindung setzen würde, um detaillierte Aussagen treffen zu können. Später erhielt ich folgende Erklärung, da kein Ansprechpartner für das Thema gefunden werden konnte:

> *"In unserem Fall werden Dolmetscherkabinen mit 2 Lüftern betrieben. Der eine 'pumpt' Frischluft rein, der andere 'saugt' verbrauchte Luft ab. Eine Messung des CO_2 Gehaltes findet nicht statt. Bei den Lüftern ist die max. Literzahl der beförderten Luftmenge genannt.*
>
> *Rein theoretisch kann man eine Formel aufstellen und einen Wert ermitteln, wie viel CO_2 im Durchschnitt pro Dolmetscher ausgestoßen wird und diesen in das Verhältnis von zugeführter Frischluft/abgesaugter Verbrauchsluft bringen. Der Wert ist natürlich rein theoretisch zu sehen. Eine Messung findet unsererseits nicht statt."*[22]

---

20 PCS, Telefonat vom 27.4.2015.

21 Fa. Brähler, technisches Datenblatt Dolmetscherkabine M83H, siehe Anhang.

22 Fa. Brähler: E-Mail vom 1.4.2015, siehe Anhang.

3.6.2.6 Eigene Messergebnisse

Aktuelle Messungen zeigen ebenfalls, dass die in den oben erwähnten Normen festgelegten Werte, insbesondere die der CO_2-Konzentration häufig nicht eingehalten werden. Im Rahmen der Vorbereitungen für dieses Buch wurden solche Messungen durchgeführt, um festzustellen, ob dies nur eine Vermutung der Autorin ist, oder ob es der Realität entspricht und somit ein tatsächliches Problem beziehungsweise Verbesserungspotenzial für die Arbeitsbedingungen der Dolmetscher und in der Folge für die Qualität der Dolmetschleistung darstellen könnte.

Bei den Messungen kam ein Messgerät zum Einsatz, das Temperatur, Luftfeuchtigkeit und CO_2-Konzentration misst.[23] Es werden hier alle gemessenen Werte wiedergegeben, da sie eventuell in späterer Folge interessant sein könnten, auch wenn im Rahmen dieser Arbeit nur die CO_2-Konzentration behandelt wird.

Aus der folgenden Aufstellung wird ersichtlich, wie sich die Werte im Laufe der Veranstaltungen entwickelten. Es werden hier nur die Uhrzeiten und die Art der Kabinen (ortsfest oder mobil) sowie Belegung (einer oder zwei Dolmetscher) angeführt, alle anderen Daten sind anonymisiert. Diese Messreihen erheben keinen Anspruch auf Repräsentativität, sondern sollen lediglich Aussagen von Dolmetschern in persönlichen Gesprächen dahingehend untermauern, dass unzureichende Luftqualität in den Kabinen keine Ausnahme ist. Diese Aufzeichnungen erfolgten in kurzen Abständen[24], was auch Kurz als Schlussfolgerung ihrer Studie von 1983 forderte, bei der die Werte nur zu Beginn und am Ende eines Konferenztages abgelesen wurden. Mehrere Aufzeichnungen im Laufe des Tages sollten auch zeigen, dass Dolmetscher über lange Zeitspannen hinweg hohen CO_2-Konzentrationen ausgesetzt sind (vgl. Kurz 1983a:92f.). Von allen durchgeführten Messungen wurden nur an einem Ort optimale Arbeitsbedingungen vorgefunden.

---

23 Voltcraft CO-60, Conrad Electronic SE, Messbereich 0 – 3000ppm, Genauigkeit unter 25°C ±80ppm, bzw. 5% bis 2000ppm, 7% über 2000ppm.

24 Ziel war es alle 10 Minuten die Werte zu erfassen, was in einigen Fällen nicht über die ganze Zeit der Veranstaltung hinweg möglich war. Die Abstände zwischen den Aufzeichnungen lagen aber in allen Fällen unter einer Stunde, ausgenommen Mittagspausen.

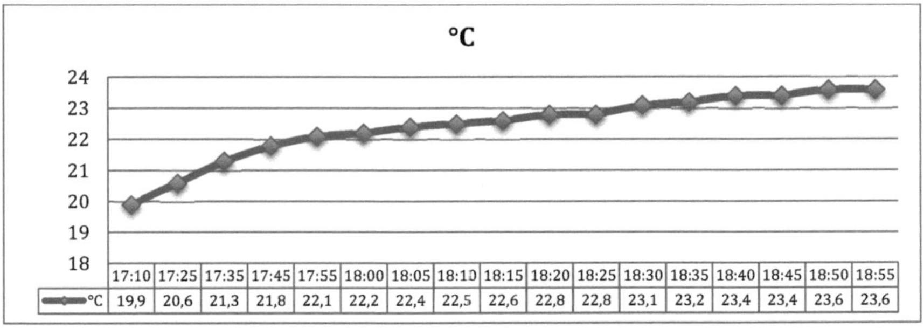

	17:10	17:25	17:35	17:45	17:55	18:00	18:05	18:10	18:15	18:20	18:25	18:30	18:35	18:40	18:45	18:50	18:55
°C	19,9	20,6	21,3	21,8	22,1	22,2	22,4	22,5	22,6	22,8	22,8	23,1	23,2	23,4	23,4	23,6	23,6

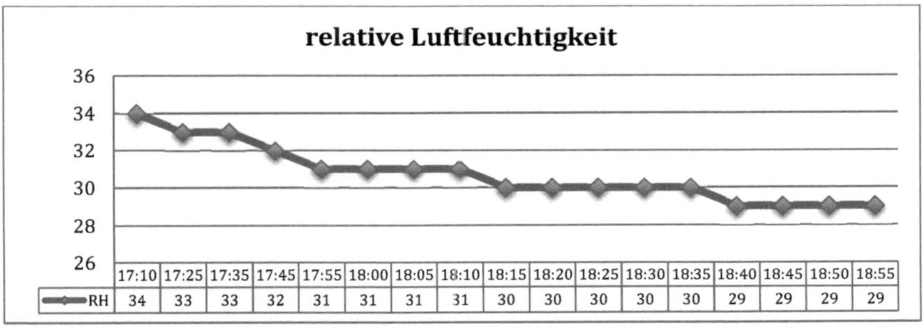

	17:10	17:25	17:35	17:45	17:55	18:00	18:05	18:10	18:15	18:20	18:25	18:30	18:35	18:40	18:45	18:50	18:55
RH	34	33	33	32	31	31	31	31	30	30	30	30	30	29	29	29	29

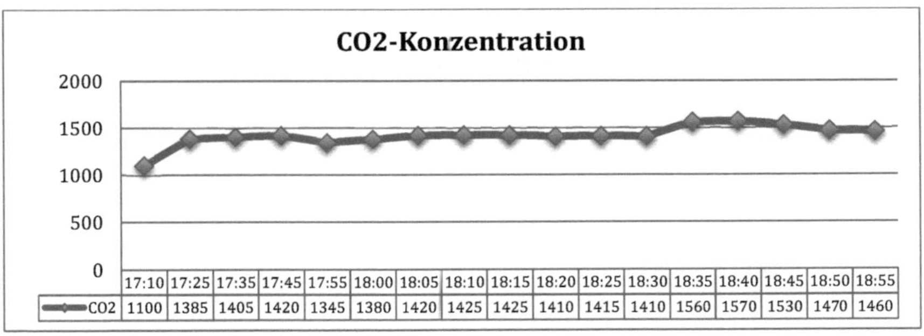

	17:10	17:25	17:35	17:45	17:55	18:00	18:05	18:10	18:15	18:20	18:25	18:30	18:35	18:40	18:45	18:50	18:55
CO2	1100	1385	1405	1420	1345	1380	1420	1425	1425	1410	1415	1410	1560	1570	1530	1470	1460

Abb. 9: Kabine 1, ortsfest, Belegung 2 Personen [Eigene Darstellung]

Kabine 1 (Abb. 9): bereits zu Beginn der Veranstaltung lag die CO_2-Konzentration über 1000 ppm und stieg während der Dauer von 1,5 Stunden auf 1570 ppm an. Die Veranstaltung dauerte 2 Stunden 45 Minuten und endete mit einer CO_2-Konzentration von 1460 ppm. Der Luftaustausch erfolgte mit der Luft des Veranstaltungssaales. Die Dolmetscher empfanden die Luftqualität als schlecht.

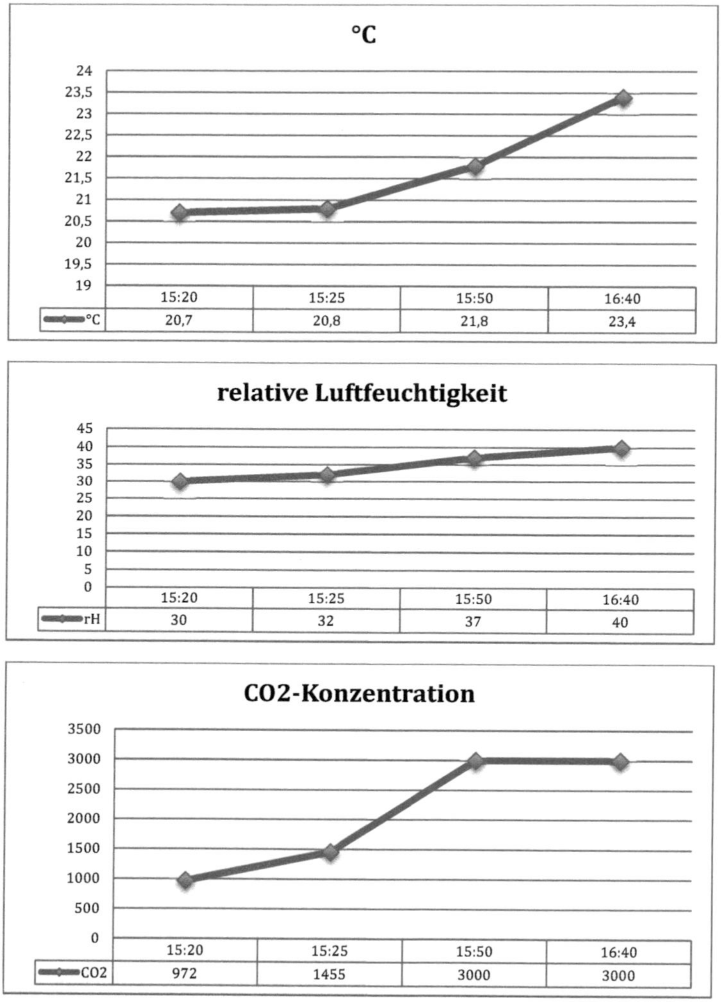

Abb. 10: Kabine 2, ortsfest, Belegung 2 Personen [Eigene Darstellung]

Kabine 2 (Abb. 10): Hier war die CO_2-Konzentration schon zu Beginn an beinahe am Grenzwert. Bereits nach 40 Minuten wurde ein Wert von 3000 ppm erreicht, das Messgerät zeigte nur noch "high" an, es hatte nur einen Messbereich von 0–3000 ppm. Somit konnten keine weiteren genauen Messwerte aufgezeichnet werden, sie lagen bei oder über 3000ppm. Beide Dolmetscher klagten über Kopfschmerzen, spürbaren Luftmangel und Konzentrationsabfall.

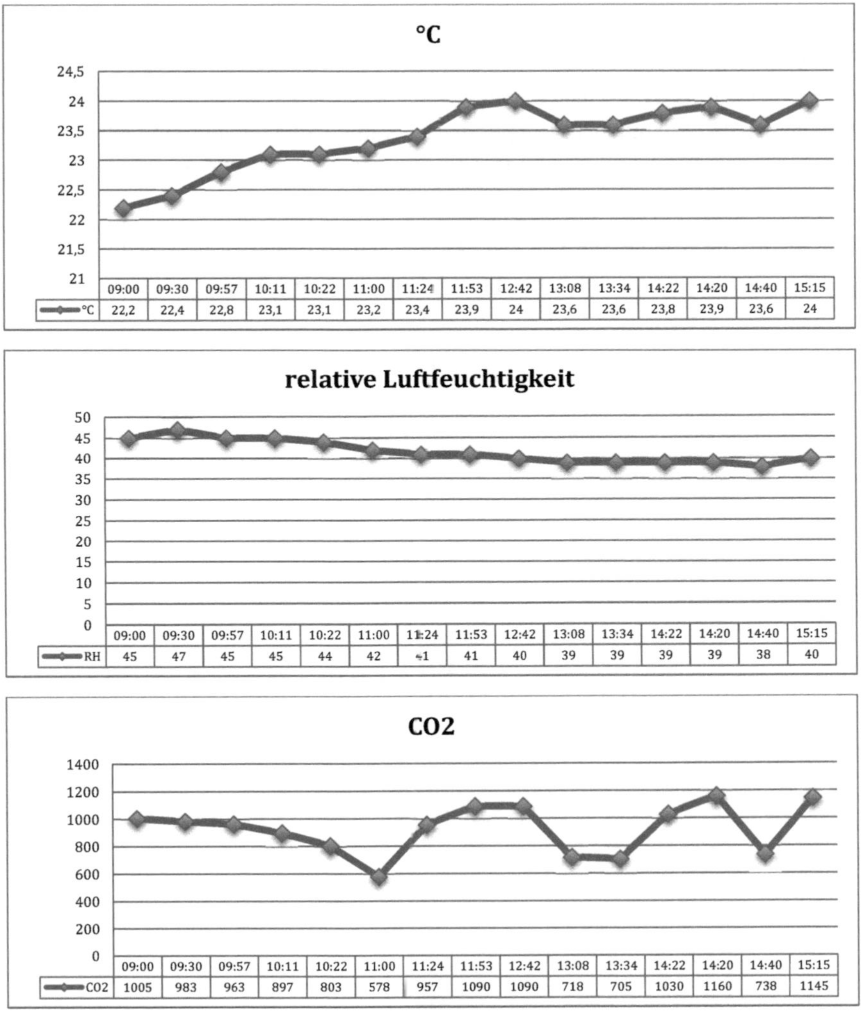

	09:00	09:30	09:57	10:11	10:22	11:00	11:24	11:53	12:42	13:08	13:34	14:22	14:20	14:40	15:15
°C	22,2	22,4	22,8	23,1	23,1	23,2	23,4	23,9	24	23,6	23,6	23,8	23,9	23,6	24
RH	45	47	45	45	44	42	41	41	40	39	39	39	39	38	40
CO2	1005	983	963	897	803	578	957	1090	1090	718	705	1030	1160	738	1145

Abb. 11: Kabine 3, ortsfest, Belegung 1 Person [Eigene Darstellung]

Kabine 3 (Abb. 11): Die Kabine befindet sich im Untergeschoß, hinter dem in Stufen ansteigenden Vortragssaal. Die Kabinen sind sehr klein, entsprechen nicht den Mindestmaßen gemäß ISO 2603. Der Dolmetscher verließ um 10:11 die Kabine, kam um 10:22 zurück und verließ sie wegen Beginn der Kaffeepause gleich wieder. Um 11:24 betrat er sie erneut. Um 11:53 war er laut eigener Aussage "sehr müde". Von 13:08 bis 13:34 stand die Tür offen (Mittagspause). Schon 27 Minuten nach Schließen der Türe war die CO_2-Konzentration wieder von 705 auf 1030 ppm gestiegen. Nach der Kaffeepause von 14:20 bis 14:40 lag er bei 738 und 35 Minuten später erneut bei 1145 ppm. In der Kabine arbeitete nur ein Dolmetscher, die andere Kabine war von zwei Dolmetschern belegt. Dort konnte aber aufgrund von Platzmangel keine Messung durchgeführt werden. Es ist anzunehmen, dass eine identische Kabine, die von zwei Dolmetschern belegt ist und weniger häufig geöffnet werden kann, noch schlechtere Werte ergeben würde.

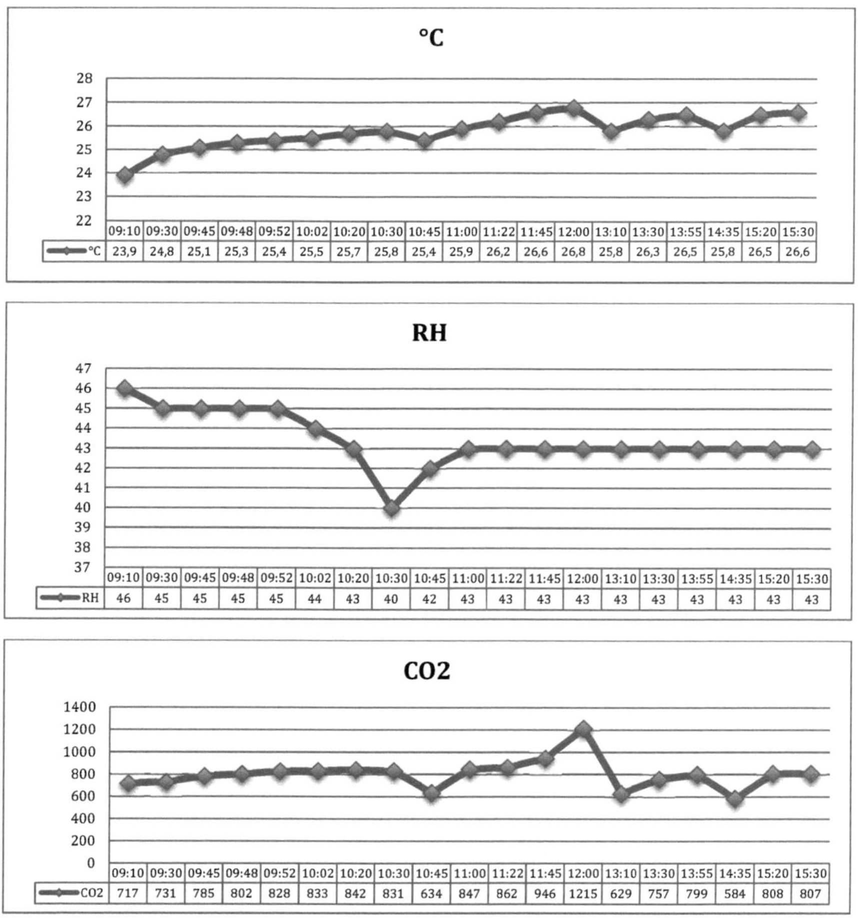

Abb. 12: Kabine 4, ortsfest, Belegung 2 Personen [Eigene Darstellung]

Kabine 4 (Abb. 12) ist sehr groß und auf drei Dolmetscher ausgelegt. Sie befindet sich räumlich getrennt vom Vortragssaal und hat nur über Monitor eingeschränkten Blick auf die Vortragenden. Die Türe wurde immer, wenn es möglich war, geöffnet. Die zweite Person im Raum war kein Dolmetscher sondern registrierte nur die Luftwerte. Dennoch wurden Werte nahe bei und über 1000 ppm gemessen. Der Dolmetscher klagte am Ende der Veranstaltung über Kopfschmerzen.

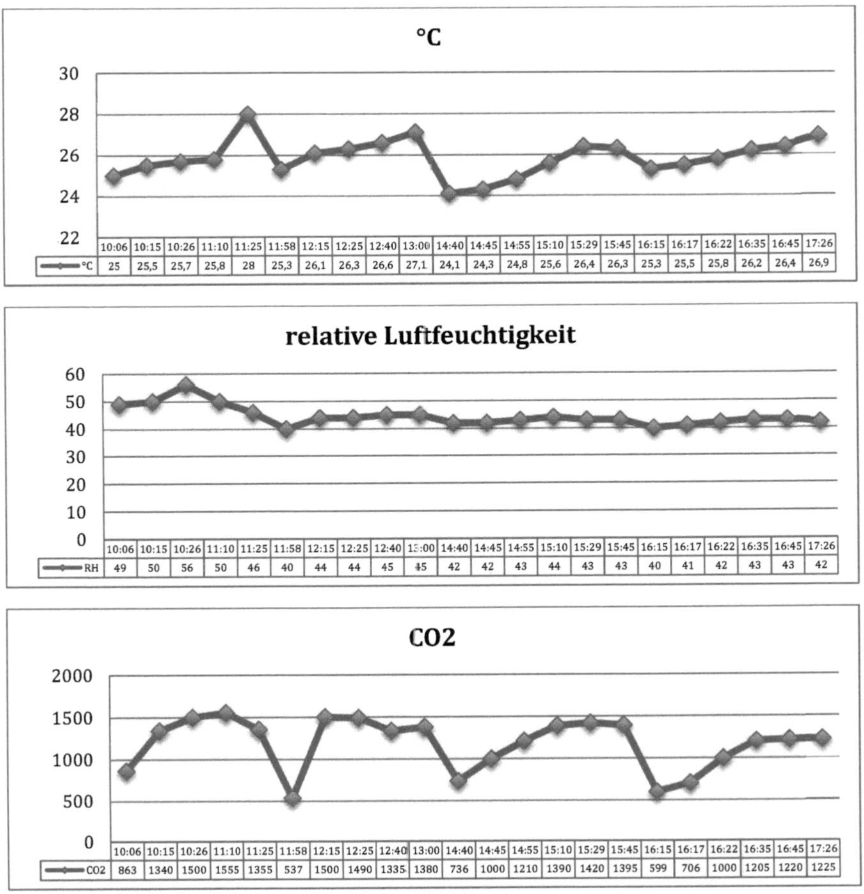

Abb. 13: Kabine 5, mobil, Belegung 2 Personen [Eigene Darstellung]

Kabine 5 (Abb. 13) ist eine mobile Kabine, ausgelegt auf 2 Dolmetscher, befand sich im hinteren Teil des Vortragsraumes. Der Luftaustausch erfolgte mit der Luft des Saals. In den Pausen wurden die Türen geöffnet. Es wurden Werte bis 1555 ppm registriert, möglicherweise stiegen sie sogar noch höher – das Gerät gab beim ersten Erreichen von 1500 ppm einen Piepton von sich, weshalb es bis zur Pause (45 Minuten später) ausgeschaltet wurde. Die Dolmetscher gaben an, ab 15:15 Uhr sich extrem müde und "luftlos" gefühlt zu haben. Außerdem klagten sie über die zu hohe Temperatur (bis 26,9 Grad).

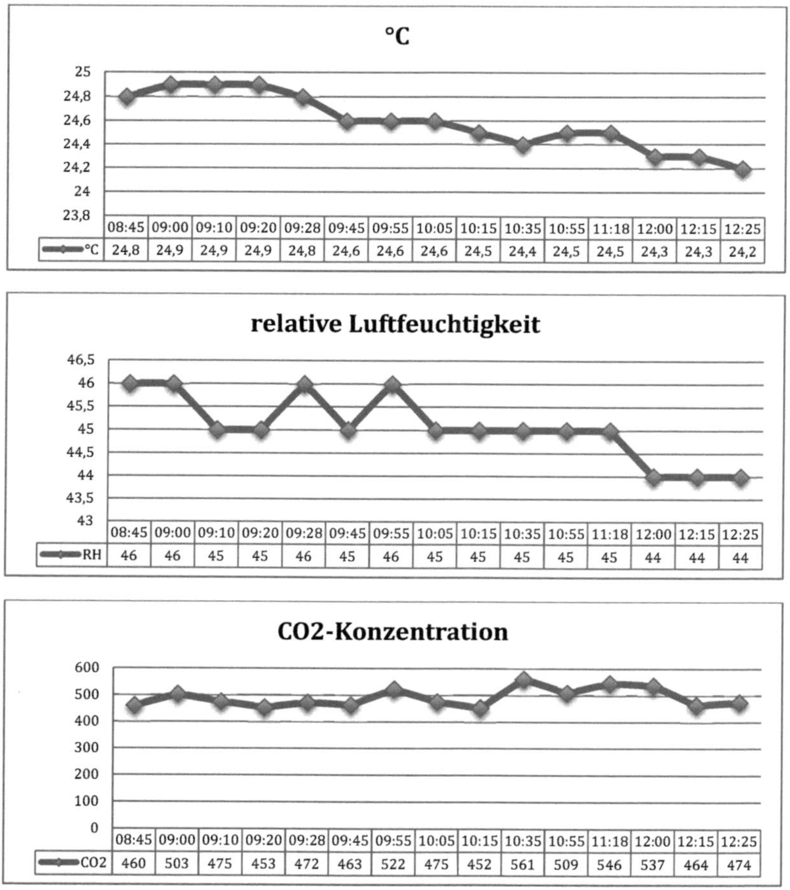

	08:45	09:00	09:10	09:20	09:28	09:45	09:55	10:05	10:15	10:35	10:55	11:18	12:00	12:15	12:25
°C	24,8	24,9	24,9	24,9	24,8	24,6	24,6	24,6	24,5	24,4	24,5	24,5	24,3	24,3	24,2

	08:45	09:00	09:10	09:20	09:28	09:45	09:55	10:05	10:15	10:35	10:55	11:18	12:00	12:15	12:25
RH	46	46	45	45	46	45	46	45	45	45	45	45	44	44	44

	08:45	09:00	09:10	09:20	09:28	09:45	09:55	10:05	10:15	10:35	10:55	11:18	12:00	12:15	12:25
CO2	460	503	475	453	472	463	522	475	452	561	509	546	537	464	474

Abb. 14: Kabine 6, ortsfest, Belegung 2 Personen [Eigene Darstellung]

Kabine 6 (Abb. 14) ist die einzige Kabine, die im Rahmen der Messungen[25] – abgesehen von der Temperatur – optimale Luftqualität bietet.

3.6.3 Optimierung der CO_2-Konzentration

Wie bereits erwähnt müssen Dolmetscher Höchstleistungen erbringen, die äußerste Konzentration und Leistungsfähigkeit verlangen.[26]

Auch in der Norm ISO 2603:1998 wird auf die hohe Konzentrationsleistung der Dolmetscher hingewiesen:

> *"(...) the intense effort of concentration required by their work".* (ISO 2603:1)

Aus den bisherigen Ausführungen wird erkenntlich, dass die Einhaltung der Obergrenze der CO_2-Konzentration von 1000 ppm positive Auswirkungen auf die Konzentrationsfähigkeit der Dolmetscher und damit auf die Dolmetschleistung erwarten lässt. Die CO_2-Konzentration in den Kabinen ist allerdings häufig über den gemäß ISO 2306 und ISO 4043 verlangten Maximalwerten.[27]

Wie kann nun die CO_2-Konzentration in Dolmetschkabinen herabgesetzt werden?

Die Anbieter von Dolmetschkabinen verweisen auf den Luftaustausch und dass sie dadurch die Anforderungen der geltenden technischen Normen ISO 2603 und 4043 erfüllen.[28]

Die Kabinen können meist nicht mit Frischluft versorgt werden, und oft, vor allem im Fall des Einsatzes mobiler Kabinen, wird die Luft im Saal für den Luftaustausch verwendet, die ebenfalls in vielen Fällen nicht von ausreichender Qualität ist. Damit drängt sich die Frage auf, wie das Thema Lufterneuerung beziehungsweise Luftverbesserung erreicht werden könnte.

Da in der Technik der Dolmetschkabinen bisher keine Einrichtungen zur Steuerung der CO_2-Konzentration zu finden sind und die Normen zwar Obergrenzen

---

25 Die angeführten Messungen sind nur einige ausgewählte. Andere, die ähnlich (schlechte) Ergebnisse brachten, werden hier nicht erwähnt.

26 Siehe S. 65.

27 Siehe vorhergehendes Kapitel.

28 Siehe S. 94 f.

festlegen, nicht aber eine permanente Überwachung und/oder Steuerung vorschreiben, liegt es nahe, nach gänzlich neuen Ansätzen zu suchen oder aber auch festzustellen, wie andere Bereiche, deren Settings mit dem des Simultandolmetschens in gewisser Art und Weise vergleichbar sind, dieses Thema behandeln und welche Lösungen dabei zur Anwendung kommen.

3.6.3.1 Lösungen aus anderen Bereichen

3.6.3.1.1 Raumfahrt

In der Raumfahrt wird die CO_2-Entsorgung verschieden angegangen, je nachdem, ob es sich um Kurzzeit- oder Langzeitmissionen handelt[29] (vgl. Leitenberger).

Bei Kurzzeitmissionen wie zum Beispiel Mercury, Gemini und Apolloflügen sind die Astronauten bis maximal vierzehn Tage im All. In diesen Missionen wurde das CO_2 chemisch gebunden, wobei Lithiumhydroxid zum Einsatz kam. Es reagieren eine Reihe von Substanzen mit CO_2, der Grund der Verwendung von Lithiumhydroxid liegt darin, dass es eine extrem geringe Masse hat. Ein Mol wiegt nur 26 g und bindet ein halbes Mol CO_2.

Wie viel CO_2 ein Mensch erzeugt, hängt von dessen Energieverbrauch und der Zusammensetzung seiner Nahrung ab. Im ungünstigsten Fall erzeugt ein Mensch 1 kg CO_2 pro Tag, wofür man 1200 g Lithiumhydroxid benötigt.

Ein Nachteil dieses Verfahrens ist, dass man die Filter wechseln muss und nicht wiederverwenden kann.

Ein weiterer Nachteil ist, dass CO_2 mit vielen Substanzen lieber reagiert als mit Lithium, zum Beispiel mit Wasser. Die Luft muss absolut trocken sein (vgl. Leitenberger), daher ist dieses Verfahren in Dolmetschkabinen nicht anwendbar.

Für Langzeitmissionen wird CO_2 nicht chemisch, sondern physikalisch gebunden. Dieser Prozess ist reversibel und das Substrat des Filters kann wiederver-

---

29 Bernd Leitenberger hat mehrere Bücher über Raumfahrt veröffentlicht, allerdings eine Aufstellung von den hier zitierten Anwendungen in Kurzzeit- und Langzeit-Missionen ist in der Form in keinem der Bücher zu finden. Der Autor möchte laut eigener Aussage (E-Mail vom 17.4.2015) keine Konkurrenz zwischen der Website und den Büchern schaffen.

wendet werden. Dazu werden Zyolithe (Gerüstsilikate) eingesetzt, die eine besondere Molekularstruktur haben, weshalb sie auch Käfigmoleküle genannt werden. In dieser Struktur gibt es Hohlräume, die in Lebenserhaltungssystemen als Molekularsiebe dienen. Sie werden so gewählt, dass das CO_2 eindringen kann, aber andere Moleküle nicht. Das Kohlendioxid wird später durch Erhitzen wieder ausgetrieben und kann dann aufgearbeitet werden (vgl. Leitenberger). Auch dieses Verfahren ist für den Einsatz der Senkung von CO_2-Konzentration in Dolmetschkabinen zu aufwändig und technisch anspruchsvoll.

3.6.3.1.2 Tower München

Aufgrund der in gewisser Weise – wenn auch entfernt – vergleichbaren Arbeitsbedingungen in Dolmetschkabinen und Kontrolltürmen (geschlossener Raum, eingeschränkte Lüftungsmöglichkeit, hohe erforderliche Konzentration) wurden Gespräche mit der Leiterin der Deutschen Flugsicherheit München, die für den Tower des Münchner Flughafens zuständig ist, geführt.[30]

Die erwarteten Informationen kamen nicht, da der Tower nur Temperatur und relative Luftfeuchtigkeit laufend überwacht, nicht aber die CO_2-Konzentration. Für die Deutsche Flugsicherheit München sind vor allem die Temperatur und die Luftfeuchtigkeit für die "Behaglichkeit" bestimmend. Es gibt aber einen laufenden Luftaustausch, der ein Ansteigen der CO_2-Konzentration verhindern soll. Die Lüftung erfolgt mit Umgebungsluft, die durch hochkomplexe Filtersysteme entsprechend gereinigt wird.

Ein Kontakt über die Deutsche Flugsicherheit zum Sachverständigen für Luftverunreinigung in Innenräumen des Büros für Umweltschutz ergab ebensfalls keine weiteren Erkenntnisse. Der zuständige Gutachter erklärte, dass die CO_2-Konzentration seiner Meinung nach sinnvoll nur mittels Lüftung erreicht werden kann. Angesprochen auf die Problematik des Einsatzes mobiler Kabinen, meinte er auch, die Luft im Saal sei sicher von besserer Qualität als die in der Kabine und dass in dem Fall eine höhere Austauschrate eine Lösungsmöglichkeit wäre.[31]

---

30 Telefonate am 7.4. und 10.4.2015.

31 Telefonat am 10.4.2015.

3.6.3.1.3 Operationssäle

In Operationssälen wird auf CO_2-Konzentration generell nicht geachtet. Auch die Art und Weise, wie die Luftqualität überwacht beziehungsweise gesteuert wird, ist sehr unterschiedlich. Es konnten auch keine offiziellen Aufzeichnungen darüber gefunden werden, persönliche Gespräche mit Verantwortlichen oder mit direkt involvierten (Primar-)Ärzten ergaben die folgenden Aussagen:

In einem Krankenhaus für Unfallchirurgie in München ist keine zufriedenstellende technische Lösung für Belüftung vorhanden. Die Ärzte selbst regulieren die Temperatur in den Operationssälen oder allenfalls der Hausmeister.

In der Universitätsklinik Nußbaumstraße wird die Belüftungsanlage vom Hausmeister regelmäßig überprüft, zusätzlich macht eine externe Firma (Fa. Artex) ein Mal pro Jahr Partikelmessungen.

Im Landeskrankenhaus Vöcklabruck (Oberösterreich) wird in zwei Operationssälen, in denen besonders heikle Operationen wie zum Beispiel der Einsatz von Prothesen durchgeführt werden, das Laminar-air-flow-System verwendet, eine "technische Einrichtung zur Erzielung einer wirbelfreien Luftströmung und zur Luftsterilisation durch mechanische Filter" (Roche Lexikon Medizin). Diese Systeme senken die Keimzahl auf unter 50% der Norm. Auch das Thema "Behaglichkeit" ist im Landeskrankenhaus Vöcklabruck wichtig, allerdings schwierig für alle zu erfüllen, da Operateure, Anästhesisten und Patienten unterschiedliche Ansprüche haben. Die Operateure müssen wasserdichte Kleidung tragen und kommen dadurch sowie durch die körperliche Arbeit und den Stress leicht ins Schwitzen. Die Anästhesisten erhalten Wärmeschals und -jacken, da sie durch den Mangel an Bewegung leicht zu frösteln beginnen. Der Patient, dessen Körpertemperatur durch das Öffnen sehr schnell absinken kann, wird mit Heizdecken warm gehalten. Man geht davon aus, dass durch den konstanten unidirektionalen Luftaustausch die CO_2-Konzentration kein Problem darstellt, Messungen werden allerdings keine durchgeführt.

Die Verfahren aus den vorgenannten Bereichen sind für den Einsatz in Dolmetschkabinen (abgesehen von dem sehr kostspieligen Laminar-air-flow-System) nicht geeignet, daher ist es angebracht, nach einer gänzlich anderen Lösung zu suchen.

3.6.3.2 Suche nach neuen Ansätzen

Die erste Antwort, die ich bei einem Telefonat mit einem Techniker erhielt, war: "Lüften".[32] Um darauf zu kommen, braucht man allerdings keine Aussage eines Technikers, sondern allein die Betrachtung der eigenen Messungen,[33] woraus ersichtlich ist, dass das Öffnen der Türen, wo dies möglich war, während der Pausen die CO_2-Konzentration beträchtlich, nämlich unter 1000 ppm absinken ließ. Leider ist das Öffnen der Türen sehr oft nicht möglich, vor allem dann, wenn mobile Kabinen im Vortragssaal verwendet werden. Dabei würden die Konferenzteilnehmer gestört werden. Auch bei ortsfesten oder mobilen Kabinen, die sich nicht im Vortragssaal befinden, ist es nur dann eine sinnvolle Lösung, wenn die Kabine nur von einem Dolmetscher belegt ist, und somit alle 30 Minuten geöffnet werden kann. Dies ist allerdings nur in Ausnahmefällen der Fall, nämlich dann, wenn drei Dolmetscher im Einsatz sind (zum Beispiel aufgrund der Sprachenkombination A/B oder C), die Kabinen aber nur für zwei Dolmetscher konzipiert sind. Wenn aber während des gesamten Vormittags nur eine Pause vorsehen ist, und eine weitere am Nachmittag, könnte man die Kabine nur drei Mal während des ganzen Tages öffnen (während der Pausen und zu Mittag).

Für Schulklassen wurde ein mechanisches Klassenraum-Lüftungsgerät entwickelt (vgl. Energieagentur Österreich 2001), das gute Ergebnisse brachte. Es wäre denkbar, diese Lösung auf Machbarkeit für Dolmetschkabinen zu untersuchen, insbesondere hinsichtlich des Platzbedarfs. Allerdings wäre diese Lösung nur für permanente Kabinen denkbar.

Die **Antwort einer Chemikerin** auf die Frage der einfachsten Form der Reduzierung der CO_2-Konzentration wäre, das Kohlendioxid durch einen Dampfnebel einer leicht sauren Lösung herauszuwaschen. Dieses Verfahren führt zwar in Kraftwerken zu hervorragenden Ergebnissen (vgl. Kraftwerk Forschung 2014), ist aber leider in Dolmetschkabinen nicht anwendbar, da man die Dolmetscher, die Kabinen und die technische Einrichtung keinem solchen Dampfnebel aussetzen kann.

---

32 Telefonat mit Rainer Kluczka am 17.4.2015.

33 Vgl. Abb. 11, 12 und 13.

3.6.3.2.1 Zusatz von Sauerstoff

Eine weitere **naheliegende Idee** wäre, Sauerstoff, also O_2, zuzuführen. Sauerstoffverabreichung über längere Zeit ist aber für den Menschen nicht unbedenklich. Es kann zum Beispiel bei Frühgeborenen zu Retinopathie (retinopathia praematurorum) kommen, besonders bei solchen, die vor Vollendung der 33. Schwangerschaftswoche mit unter 1500 g Geburtsgewicht geboren sind und über längere Zeit Sauerstoffzufuhr benötigen (vgl. Augenklinik Würzburg 2015).

Auch für Erwachsene kann zu viel Sauerstoff problematisch sein, da er das Herz belastet. Schwedische Forscher untersuchten im Zeitraum von 1987 bis 2004 7.628 Patienten mit chronisch obstruktiver Bronchitis, die Sauerstoff-Langzeittherapie erhielten. Davon starben 5.497 im Laufe der Studie an Herz-Kreislauf-Erkrankungen (vgl. Kopacek 2011).

Nicht nur für das Herz, sondern auch für das Hirn kann reiner Sauerstoff schädlich sein:

> *"...wie sich zeigte, beschleunigte reiner Sauerstoff die Atmung. Das führte dazu, dass die Probanden vermehrt das Stoffwechselendprodukt Kohlendioxid (CO_2) ausatmeten, was dessen Konzentration im Organismus zu sehr sinken ließ (Hypokapnie). Das wiederum bewirkte, dass sich Blutgefäße verengten. Infolgedessen sank die Blut- und damit die Sauerstoffversorgung des Gehirns".* (WeltN24 2015)

Für gesunde Menschen sollte die Verwendung nach Meinung eines wissenschaftlich-technischen Mitarbeiters der Fa. Airliquide Austria zwar unproblematisch sein,[34] das Problem der Verwendung von reinem Sauerstoff liege vielmehr daran, dass er brandfördernd ist. Die Abteilung für Sicherheit, Gesundheit und Umwelt der Eidgenössischen Technischen Hochschule Zürich beschreibt in ihren Schulungsunterlagen Sauerstoff sogar als *"extrem brandfördernd"*. (vgl. ETH Zürich 2014)

---

[34] Telefonat mit Rainer Kluczka am 17.4.2015.

Es kann also nicht so viel Sauerstoff zugeführt werden, dass die CO_2-Konzentration damit unter die 1000 ppm fallen würde, ohne gesundheitliche Folgen für die Dolmetscher zu riskieren oder die Einhaltung von Brandschutzbestimmungen zu gefährden.

3.6.3.2.2 Zufuhr von Atemluft

Eine weitere Möglichkeit wäre die **Einspeisung von Atemluft**. Diese wird zum Beispiel von Air Liquide Austria angeboten und ist in Druckgasflaschen aus Stahl von 2 Litern bis 50 Litern erhältlich. Eine 10-Liter-Flasche wiegt 7,5 kg (vgl. Airliquide) und wäre daher im mobilen Einsatz denkbar und würde auch innerhalb der Möglichkeiten der Bestimmungen für Sicherheit und Gesundheitsschutz bei Transport- und Lagerarbeiten liegen, selbst für Frauen (vgl. BGI 582 2008). Ein Gebinde von 20 Litern wiegt bereits 33 kg und ist von daher nicht mehr so einfach zu handhaben.

Da hier lediglich Ansätze für die technische Machbarkeit möglicher Lösungen aufgezeigt werden sollen, wird an dieser Stelle auf eine wirtschaftliche Analyse und Darstellung verzichtet.

Die Mindestmaße einer mobilen Kabine für den Einsatz von nicht mehr als zwei Dolmetschern beträgt 1,60 m x 1,60 m x 2 m (vgl. ISO 4043), was einem Volumen von 5,12 m3 (= 5120 Liter) entspricht. Für die Reduzierung der CO_2-Konzentration in einer solchen mobilen Kabine von 1500 ppm auf 1000 ppm bräuchte man 2560 Liter Atemluft, was 1,28 tragbaren Zylindern von 10 Litern mit 200 bar entsprechen würde. Für die Reduzierung der CO_2-Konzentration in einer Kabine von gleichen Maßen von 2000 ppm auf 1000 ppm bräuchte man 5120 Liter Atemluft. Dies würde 2,56 tragbaren Zylindern von 10 Litern mit 200 bar entsprechen. Hierbei handelt es sich um rein rechnerisch ermittelte Größen, die in der Praxis durch entsprechende Versuche erst bestätigt werden müssten. In der folgenden Abbildung wird die Berechnung genauer dargestellt, wobei die kursiven, fettgedruckten Ziffern den gegebenen Werten, die anderen den errechneten Werten entsprechen:

<table>
<tr><td rowspan="5">Abmessungen Kabine</td><td>Länge</td><td>m</td><td>1,6</td><td>1,6</td></tr>
<tr><td>Breite</td><td>m</td><td>1,6</td><td>1,6</td></tr>
<tr><td>Höhe</td><td>m</td><td>2,0</td><td>2,0</td></tr>
<tr><td rowspan="2">Volumen</td><td>m3</td><td>5,12</td><td>5,12</td></tr>
<tr><td>L</td><td>5.120</td><td>5.120</td></tr>
<tr><td rowspan="2">CO_2-Anteil vorher</td><td rowspan="2"></td><td>ppm</td><td>1.500</td><td>2.000</td></tr>
<tr><td>L</td><td>7,68</td><td>10,24</td></tr>
<tr><td>CO_2-Anteil nachher</td><td></td><td>ppm</td><td>1.000</td><td>1.000</td></tr>
<tr><td>Volumen nach Verdünnung</td><td></td><td>L</td><td>7.680</td><td>10.240</td></tr>
<tr><td>Volumendifferenz</td><td></td><td>L</td><td>2.560</td><td>5.120</td></tr>
<tr><td>Volumen pro Gasflasche</td><td></td><td>L</td><td>10</td><td>10</td></tr>
<tr><td>benötigte Druckdifferenz</td><td></td><td>bar</td><td>256</td><td>512</td></tr>
<tr><td>Druck pro Gasflasche</td><td></td><td>bar</td><td>200</td><td>200</td></tr>
<tr><td>Anzahl benötigte Gasflaschen</td><td></td><td>#</td><td>1,28</td><td>2,56</td></tr>
</table>

Tab. 10: CO_2-Verdünnung in Dolmetschkabinen

Für eine genauere Berechnung wäre auch noch das Volumen des Mobiliars und der Dolmetscher abzuziehen.

Das Mobiliar kann von Kabine zu Kabine unterschiedlich sein und müsste in jedem einzelnen Fall berechnet werden, allerdings ist gerade in mobilen Kabinen das Mobiliar nicht besonders voluminös, daher wird es hier auch nicht berücksichtigt.

Das Volumen der Dolmetscher wurde vorsichtig mit 1,70 x 0,20 x 0,50 angenommen, was bedeutet, dass das auszutauschende Luftvolumen um 0,21 m3 reduziert wird, was im Endresultat zu einem Verbrauch von 1,17 Flaschen von 10 Litern führen würde.

Abmessungen Kabine	Länge	m	***1,6***	***1,6***
	Breite	m	***1,6***	***1,6***
	Höhe	m	***2,0***	***2,0***
Abmessungen Dolmetscher	Länge	m	***1,7***	***1,7***
	Breite	m	***0,5***	***0,5***
	Höhe	m	***0,25***	***0,25***
Kabine minus 2 Dolmetscher	Volumen	m3	4,695	4,695
		L	4.695	4.695
CO_2-Anteil vorher		ppm	***1.500***	***2.000***
		L	7,0425	9,39
CO_2-Anteil nachher		ppm	***1.000***	***1.000***
Volumen nach Verdünnung		L	7.043	9.390
Volumendifferenz		L	2.348	4.695
Volumen pro Gasflasche		L	***10***	***10***
benötigte Druckdifferenz		bar	234,75	469,5
Druck pro Gasflasche		bar	***200***	***200***
Anzahl benötigte Gasflaschen		#	1,17	2,35

Tab. 11: CO_2-Verdünnung in Dolmetschkabinen, besetzt mit 2 Dolmetschern

Auch die zugesetzte Luft enthält einen gewissen CO_2-Anteil, (komprimierte Luft nicht mehr als 500 ppm, synthetische Luft nicht mehr als 300 ppm); es wird vorgeschlagen, etwas mehr an Luft einströmen zu lassen, um dies auszugleichen. Dieser Anteil wird in obiger Berechnung nicht berücksichtigt, da er verschwindend klein ist. Dies kann folgendermaßen begründet werden:

Wenn man in einer Kabine mit den normgerechten Mindestmaßen (vgl. ISO 4043) von 5,12 m^3 die CO_2-Konzentration von 1500 auf 1000 ppm senken möchte, müsste man 1/3 der Luft verdrängen, also 1,71 m3. Die neuen 1,71 m^3 hätten eine CO_2-Konzentration von $\leq$ 500 ppm, was einem Volumen von 0,00085 m^3 oder 0,85 Liter entspräche, die wiederum 0,0167% des Gesamtvolumens der Kabine wären:

Kabinen mit 1500 ppm CO_2 in m^3	5,12
1/3 verdrängen – in m^3	1,71
CO_2 des neuen Drittels in m^3	0,00085
Volmen in % vom Gesamtvolumen	0,0167%

Tab. 12: Anteil zusätzliches CO_2 nach Verdünnung

Gleichzeitig mit der Zufuhr der komprimierten oder synthetischen Luft müsste ein Ausstoß der verbrauchten Luft sichergestellt sein. Da die anerkannten Kabinenhersteller mit 2-Wege-Lüftungen arbeiten, kann vorausgesetzt werden, dass dies funktioniert. Es muss allerdings sichergestellt werden, dass die verbrauchte Luft und nicht die frisch zugeführte ausgeleitet wird, dass also die Lage der Ventilatoren so weit wie möglich auseinanderliegt, zum Beispiel an einem Eck ganz unten und am gegenüberliegenden Eck ganz oben. So wird es lt. Aussage von Air Liquide[35] auch im industriellen Bereich gemacht, auch wenn dort wesentlich größere Luftmengen (ab 100 m^3) verdrängt werden.

Bei obigen Werten handelt es sich um rein rechnerisch ermittelte Größen, die in der Praxis durch entsprechende Versuche erst bestätigt werden müssten. Außerdem beziehen sie sich auf einen einmaligen Luftaustausch mit dem Ziel, die CO_2-Konzentration von 1500 beziehungsweise von 2000 auf 1000 ppm zu reduzieren.

Im praktischen Einsatz müsste in jeder Kabine ein Messgerät angebracht sein, das laufend die CO_2-Konzentrationen erfasst und jedes Mal, wenn der festgelegte Wert überschritten wird, einen Regelkreis anstößt, der den Luftaustausch auslöst.

[35] Telefonat mit Rainer Kluczka am 17.4.2015.

4. Schlussfolgerungen

4.1 Allgemein

Diese Studie stellt die CO_2-Konzentration als Teil der Luftqualität und diese als externen Faktor im Dolmetschprozess dar, der, wenn er nicht kontrolliert wird, einen negativen Einfluss auf das Dolmetschprodukt haben kann. Ebenso zeigt sie den Zusammenhang zwischen CO_2-Konzentration und Konzentrationsfähigkeit und Leistungsfähigkeit der Dolmetscher auf, die, abgeleitet auf die Arbeit in der Simultankabine, wiederum entscheidend für die Dolmetschqualität mitverantwortlich sind.

Die Tätigkeit der Dolmetscher wird in geschlossenen Räumen oft mit wenig bis keiner Möglichkeit von Frischluftzufuhr ausgeübt. Dadurch ist die einfachste Art der Senkung des CO_2-Gehalts in der Raumluft, nämlich Lüften, nicht möglich.

Lösungsansätze aus anderen Bereichen wurden auf die Umsetzungsmöglichkeit für Dolmetschkabinen untersucht mit dem Ziel den CO_2-Gehalt in Dolmetschkabinen zu optimieren.

Besonders wichtig erscheint die Erkenntnis, dass die CO_2-Konzentration in den Kabinen während des Einsatzes nicht gemessen und daher auch nicht überwacht und entsprechend korrigiert wird, woraus sich der Vorschlag für die Überarbeitung der ISO-Normen für Dolmetschkabinen ableitet.

4.2 Vorschlag für die Verwertung der Erkenntnisse

Die Norm ISO 2603, die die technischen Voraussetzungen für ortsfeste Dolmetschkabinen festlegt, fordert in der geltenden Fassung folgendes in Bezug auf Belüftung:

> *"As booths are occupied throughout the day, adequate ventilation is required.*
>
> *The air supply should be 100% fresh (i.e. not recycled). The air-conditioning system shall be independent from that of the rest of the building and of the conference hall.*

Air renewal shall be seven times per hour and the carbon dioxide concentration shall not exceed 0,1%. The temperature shall be controllable between 18°C and 22°C by means of an individual regulator in each booth. Relative humidity shall be between 45% and 65%.

Air velocity shall not exceed 0,2 m/s. Air inlets and outlets shall be placed in such a way that interpreters are not exposed to draughts.

NOTE: Good results have been obtained by introducing the air through a perforated ceiling and extracting it through vents at the rear oft he booth, in the floor or the rear wall. [...]" (ISO 2603:6).

Die Norm für mobile Kabinen ISO 4043 verweist auf die generellen Bestimmungen der ISO 2603, nur in Bezug auf Belüftung besteht ein eigener Zusatz (siehe dazu S. 57).

Beide Normen befinden sich derzeit in Überarbeitung, daher bietet sich die Möglichkeit, die Formulierung und die Anforderungen dahin gehend zu ändern, dass eine Einhaltung der Obergrenze von 1000 ppm sichergestellt wird:

In der Formulierung sollte es daher nicht heißen: *"air supply should be fresh"* sondern *"shall be fresh"*, unabhängig davon, ob nun Frischluft von außen oder anders, zum Beispiel Atemluft aus Zylindern, eingespeist wird. Recycling Luft muss, soweit irgend möglich, vermieden werden oder, sofern es entsprechende technische Lösungen gibt, nicht erlaubt sein, da die Luftqualität in Innenräumen sehr stark in Abhängig von der Qualität der Versorgungsluft variieren kann (vgl. Seppänen 1999).

Die Norm VDI 6032 erläutert, dass Menschen unterschiedlich auf CO_2-Konzentration reagieren, auch der Stoffwechsel ist nicht bei allen Menschen gleich. Daher wäre anzuraten, bei der Steuerung des CO_2-Gehalts nicht ans Limit zu gehen (1000 ppm), sondern darunter zu bleiben, da es Menschen gibt, die bereits bei 800 ppm CO_2 in der Atemluft diese als schlecht bezeichneten (vgl. WLS 2002:75).

Weiters wäre eine Formulierung erstrebenswert, die sicherstellt, dass Kabinen nur dann die Normen erfüllen, wenn der CO_2-Gehalt gesteuert wird beziehungsweise gesteuert werden kann. Daraus folgt, dass in den Kabinen Messgeräte für CO_2 angebracht werden und im Falle der Überschreitung der 1000 ppm Regelungsmechanismen angestoßen werden müssen, die die CO_2-Konzentration wieder unter den höchst zulässigen Grenzwert bringen. Für mobile Kabinen gibt es auch "tragbare und transportable elektrische Geräte für die Messung von Kohlendioxid und/oder Kohlenmonoxid in Innenraumluft". Für diese gilt die Norm DIN EN 50543 in der aktuellen Version von 11/2011. Diese Europäische Norm legt Anforderungen an die Bauausführung, Prüfung und das Betriebsverhalten von tragbaren und transportablen Geräten für die Detektion und Messung von Kohlendioxid in Raumluft in Haushalten, kommerziell sowie industriell genutzten und öffentlichen Gebäuden fest. Sie schließt Geräte zur Messung von Raumluftqualität für CO_2 ein (vgl. DIN 50543).

Zusammenfassend kann gesagt werden, dass als Mindestanforderung die Überwachung und Steuerung der CO_2-Konzentration in Dolmetschkabinen erfüllt werden müsste, um angemessene Arbeitsbedingungen hinsichtlich Luftqualität für die Dolmetscher sicherzustellen, und damit einen Beitrag zur Dolmetschqualität zu leisten.

4.3 Grenzen in Hinblick auf Aussagekraft

Auch wenn eine Vielzahl von Studien, wovon einige in dieser Arbeit beschrieben wurden, einen statistisch signifikanten Einfluss von CO_2 in der Innenraumluft auf die Leistungsfähigkeit nachweisen, kann dieser aus physiologischer Sicht erst durch Messung des pCO_2 (CO_2 im arteriellen Blut) nachgewiesen werden, da sonst auch andere Komponenten eine Rolle spielen könnten, die man nicht isolieren kann.

Die CO_2-Konzentration im Blut ist wesentlich höher als in der Luft, nämlich 40 mmHg im Vergleich zu 1 mmHg (bei 1000 ppm), da im Körper sowohl endogenes CO_2, das bei der Zellatmung entsteht, als auch exogenes CO_2, das über die Atmung dem Körper zugeführt wird, vorhanden ist.

Bei den Messungen der behandelten Studien wurde in der Regel nur die CO_2-Konzentration gemessen, nur in Ausnahmefällen auch die Sauerstoffkonzentration oder VOCs.

Kurz (vgl. 1989:92) führte zwar auch O_2-Messungen durch, allerdings an anderen Tagen als die CO_2-Messungen, daher kann nicht gesagt werden, ob erhöhte CO_2-Werte mit niedrigeren O_2-Werten einhergehen.

5. Erste Reaktionen und Ausblick auf zukünftige Forschung

Es konnten bereits erste Auswirkungen der Studienergebnisse verzeichnet werden:

Entsprechend der überarbeiteten Norm ISO 4043 in der Version von 2016 (vgl. ISO 4043a) müssen in mobilen Kabinen CO_2-Sensoren vorhanden sein, um die Luftqualität in der Kabine (im Sinne einer CO_2-Konzentration unter 0,1%) zu überwachen. Bei ortsfesten Kabinen sind CO_2-Sensoren optional. Sind keine Messfühler vorhanden, muss die Zuluft zu 100% frisch und in angemessener Weise gefiltert sein (vgl. ISO 2603a). Bei der Erarbeitung des "Final Draft" der Norm wurde von der Expertengruppe des Technischen Komitees ISO/TC 37/SC 5/WG 3 die vorliegende Studie während der Sitzungen im Juni 2015 in Matsue/Japan verwendet.

Außerdem gibt es ein vom Internationalen Verband der Konferenzdolmetscher AIIC finanziertes und von Klaus Ziegler, dem Koordinator des Technischen Ausschusses der AIIC geleitetes Forschungsprojekt, das die technische Umsetzbarkeit sowie die Effektivität (Wirksamkeit) des vorgeschlagenen Ansatzes der Zuführung von komprimierter Atemluft zur Optimierung der CO_2-Konzentration in mobilen Dolmetschkabinen in der Praxis prüfen soll.

Erstrebenswert wäre weitere Forschung in folgenden Bereichen:

Die CO_2-Konzentration und ihre Auswirkung auf die Dolmetscher (nicht nur im Zusammenhang mit Qualität, sondern auch bezüglich Arbeitsplatzhygiene und Zufriedenheit) sollte weiter behandelt werden, auch unter dem Gesichtspunkt der Konzentration derselben im arteriellen Blut, wie im vorhergehenden Kapitel beschrieben wurde.

Ebenso sollten CO_2- und O_2-Konzentrationen in Dolmetschkabinen parallel gemessen und darauf untersucht werden, ob ein etwaiger Leistungsabfall der Dolmetscher der erhöhten CO_2-Konzentration oder dem mangelnden Sauerstoff geschuldet wird. Auch eine Analyse möglichen Einflusses von CO_2- und O_2-Konzentration auf die Hirntätigkeit wäre interessant.

In Bezug auf die weitere Forschung zum Thema Luftqualität in der Kabine wäre es wünschenswert, die Faktoren relative Luftfeuchtigkeit (unter anderem der Einfluss derselben sowohl auf Behaglichkeit als auch auf mögliche Erkrankungen der Stimmbänder und damit Arbeitsunfähigkeit), Temperatur und Luftzug (in Bezug auf *comfortable working environment,* wie in der Norm gefordert, vgl. ISO 2603) zu beleuchten.

Interessant wäre es auch SBS im Zusammenhang mit der Arbeit in Dolmetschkabinen zu untersuchen, da dieses Syndrom immer häufiger wird und ein weiteres Ansteigen erwartet wird (vgl. Witte 2015). SBS wäre nur für Dolmetscher relevant, die immer oder zumindest häufig in den gleichen Gebäuden arbeiten, also zum Beispiel für die der UNO, der Europäischen Kommission, des Europäischen Parlaments, des Europäischen Gerichtshofes oder des Europäischen Patentamtes.

Ein großes Anliegen wäre eine weitere Bearbeitung des Qualitätsbegriffs für die Dolmetschwissenschaften sowie die Arbeit an einer einheitlichen Definition. Ein Qualitätsniveau kann nur dann bestimmt werden, wenn es gemessen werden kann. Wenn aber keine einheitliche Auffassung darüber besteht, was Qualität ist und durch welche messbaren Parameter sie bestimmt wird, wird sich die Diskussion um Dolmetschqualität weiterhin im Kreis drehen und die verschiedenen Aussagen darüber nicht vergleichbar sein.

Literaturverzeichnis

AIIC – International Association of Conference Interpreters (2004): Practical guide for professional interpreters. Verfügbar unter: http://aiic.net/page/628/practical-guide-for-professional-conference-interpreters/lang/1. Stand 18.5.2015 (zit. AIIC 2004).

Airliquide – Atemluft: Produktdatenblätter und Sicherheitsdatenblätter verfügbar unter: www.airliquide.at. Stand 14.6.2015 (zit. Airliquide).

Albl-Mikasa, Michaela (2012): The importance of being not too earnest: a process-and experience-based model of interpreter competence. In: Ahrens, Barbara et al. (Hg.): Dolmetschqualität in Praxis, Lehre und Forschung. Festschrift für Sylvia Kalina. Tübigen: Narr (zit. Albl-Mikasa 2012).

ASR A3.5 (2010): Technische Regeln für Arbeitsstätten, Raumtemperatur, ASR A3.5, geändert und ergänzt im GMBl 2012, S. 660 (zit. ASR A3.5).

ASR A3.6 (2012): Technische Regeln für Arbeitsstätten, Lüftung, ASR A3.6, geändert und ergänzt im GMBl 2013, S. 359 (zit. ASR A3.6).

Augenklinik Würzburg (2015): Frühgeborenen Retinopathie (Retinopathia praematurorum). Verfügbar unter: http://www.augenklinik.ukw.de/labore-und-schwerpunkte/retinologischer-schwerpunkt/fruehgeborenen-retinopathie.html. Stand 4.4.2015 (zit. Augenklinik Würzburg 2015).

Barranco-Droege, Rafael / Collados Aís, Ángela / Pazos-Bretaña, José-Manuel (2011): Intonation. In: Collados Aís, Angela / Stéveaux, Elisabeth (Hg.): Qualitätsparameter beim Simultandolmetschen, Tübingen: Narr (zit. Barranco-Droege et al. 2011).

Beer, Martina (2013): Evaluation und Stimmung. Ein neuer Blick auf Qualität im (Simultan-)Dolmetschen. Berlin: Frank & Timme (zit. Beer 2013).

BGR – Bundesanstalt für Geowissenschaften und Rohstoffe: Was ist CO2? Verfügbar unter: http://www.bgr.bund.de/DE/Themen/CO2Speicherung/Downloads/faktenblatt-was-ist-co2.pdf?__blob=publicationFile&v=2. Stand 15.4.2015 (zit. BGR 2010).

Bibliographisches Institut GmbH – Dudenverlag: Güte. Verfügbar unter: http://www.duden.de/rechtschreibung/Guete#b2-Bedeutung-2. Stand 13.4.2015 (zit. Duden Güte).

Bibliographisches Institut GmbH – Dudenverlag: Luftqualität. Verfügbar unter: http://www.duden.de/rechtschreibung/Luftqualitaet. Stand 13.4.2015 (zit. Duden Luftqualität).

Bibliographisches Institut GmbH – Dudenverlag: Produkt. Verfügbar unter: http://www.duden.de/rechtschreibung/Produkt. Stand 18.4.2015 (zit. Duden Produkt).

Bibliographisches Institut GmbH – Dudenverlag: Prozess. Verfügbar unter: http://www.duden.de/rechtschreibung/Prozess. Stand 18.4.2015 (zit. Duden Prozess).

Bibliographisches Institut GmbH – Dudenverlag: Qualität. Verfügbar unter: http://www.duden.de/rechtschreibung/Qualitaet#Bedeutung3a. Stand 13.4.2015 (zit. Duden Qualität).

Bibliographisches Institut GmbH – Dudenverlag: Qualitätsmanagement. Verfügbar unter: http://www.duden.de/rechtschreibung/Qualitaetsmanagement. Stand 13.4.2015 (zit. Duden Qualitätsmanagement).

Blasco Mayor, María: Diktion. In: Collados Aís, Angela / Stéveaux, Elisabeth (Hg.): Qualitätsparameter beim Simultandolmetschen, Tübingen: Narr (zit. Blasco Mayor 2011).

Brayfield, A. H. / Crocket, W. H. (1955): Employee attitudes and employee performance. In: Psychological Bulletin, Jg. 52, S. 396–424 (zit. Brayfield & Crocket 1955).

Brickenkamp, Rolf (2002): Test d2. Aufmerksamkeits- und Belastungstest. Manual, 9. Auflage. Göttingen: Hogrefe (zit. Brickenkamp 2002).

Brockhaus (1965): ABC Chemie. Leipzig: VEB F.A. Brockhaus Verlag, S. 156–157 (zit. Brockhaus).

Bühler, Hildegund (1986): Linguistic (semantic) and extra-linguistic (pragmatic) criteria for the evaluation of conference interpretation and interpreters. In:

Journal Multilingua, Jg. 5, Heft 4. New York: Mouton de Gruyter Hawthorne, S. 231–235 (zit. Bühler 1986).

Bundesministerium für Umwelt, Naturschutz und Reaktorsicherheit (2010): Mir stinkt's! Umwelt und Gesundheit – Qualität der Innenraumluft. In: Umwelt und Gesundheit – Materialien für Bildung und Information, 3. erweiterte Auflage. Paderborn: Bonifatius (zit. BUM 2010).

Bundesministerium für Umwelt, Naturschutz und Reaktorsicherheit (2010): Umwelt und Gesundheit – Materialien für Bildung und Information. Verfügbar unter: http://www.umweltbundesamt.de/sites/default/files/medien/publikation/long/3791.pdf. Stand 18.5.2015 (zit. BUM 2010a).

Bundesumweltamt (2013): Heizen, Raumtemperatur. Verfügbar unter: http://www.umweltbundesamt.de/themen/wirtschaft-konsum/umweltbewusstleben/heizen-raumtemperatur. Stand 7.4.2015 (zit. Bundesumweltamt 2013).

Daisey, J.M. / Angell, W.J. / Apte, M. G. (2003): Indoor air quality, ventilation and health symptoms in schools: an analysis of existing information. In: Indoor Air Journal 2003, Jg. 13, S. 53–64 (zit. Daisey et al. 2003).

Deming, William Edward (1982): Out of the Crisis. Cambridge: Massachusetts Institute of Technology, S. 88 (zit. Deming 1982).

DIN – Deutsches Institut für Normung e.V. (2007): DIN EN 13779: Lüftung von Nichtwohngebäuden – Allgemeine Grundlagen und Anforderungen an Lüftungs- und Klimaanlagen; Deutsche Fassung EN 13779. Berlin: Beuth Verlag (zit. DIN 13779).

DIN – Deutsches Institut für Normung e.V. und VDE Verband der Elektrotechnik Elektrik Informationstechnik e.V. (2011): DIN EN 50543:2011 + AC:2011: Tragbare und transportable elektrische Geräte für die Detektion und Messung von Kohlendioxid und/oder Kohlenmonoxid in Innenraumluft – Anforderungen und Prüfverfahren; Deutsche Fassung EN 50543:2011 + AC:2011. Berlin: Beuth Verlag (zit. DIN 50543).

Eichmeyer, Daniela / Leder, Joana / Tarnowietzki, Nadine (2014): Internationale Dolmetschnorm – Ja oder Nein? Unveröffentlichte Seminararbeit im Fach

Angewandte Dolmetschwissenschaften, Hochschule für Angewandte Sprachen – SDI München (zit. Eichmeyer et al. 2014).

Eisenbeutel, Jasmin (2011): Berufsverläufe und Arbeitszufriedenheit von DolmetscherInnen bei den Vereinten Nationen in New York. Unveröffentlichte Diplomarbeit am Institut für Theoretische und Angewandtes Translationswissenschaft, Karl-Franzens-Universität Graz (zit. Eisenbeutel 2011).

Emmerich, Rudolf [Hg. (1889)] Pettenkofer, … (1889): Pettenkofer's siebzigster Geburtstag. Von seinen Schülern. München: E. Mühltaler, Kgl. Hof-Buchdruckerei (zit. Emmerich 1889).

Energieagentur Österreich (2011): Gute Luft macht Schule. Verfügbar unter http://www.energieagentur.co.at/pdfs/Gute%20Luft%20macht%20Schule%2011-01-13.pdf. Stand 4.5.2015 (zit. Energieagentur Österreich 2011).

ETH Zürich, Abteilung für Sicherheit, Umwelt und Gesundheit (2014): Sicherheit im Umgang mit tiefkalt verflüssigten Gasen und Druckgasflaschen. Verfügbar unter: https://www.ethz.ch/content/dam/ethz/associates/intranet/Service/sicherheit-gesundheit-umwelt/SGU/files/kursunterlagen-archiv/2014/de/2014-03-05_gasseminar_kursunterlagen.pdf. Stand 18.4.2015 (zit. ETH Zürich 2014).

Fromme, H. / Heitmann, D. / Dietrich, S. / Schierl, R. / Korner, W. / Kiranoglo, M. / Zapf, A. / Twardella, D. (2008): Raumluftqualität in Schulen – Belastung von Klassenräumen mit Kohlendioxid (CO2), flüchtigen organischen Verbindungen (VOC), Aldehyden, Endotoxinen und Katzenallergenen, Gesundheitswesen Jg. 70 Heft 2, S. 88–97, Verfügbar unter DOI: 10.1055/s-2008-1046775. Stand 23.5.2015 (zit. Fromme et al. 2008).

Garzone, Guiliana (2002): Quality and Norms in Interpreting. In: Garzone / Viezzi (Hg.): Interpreting in the 21st Century. Amsterdam/Philadelphia: John Benjamins Publishing (zit. Garzone 2002).

Gile, Daniel (2009): Basic Concepts and Models for Interpreter and Translator Training. Revised edition. Amsterdam/Philadelphia: John Benjamins Publishing (zit. Gile 2009).

Herzberg, F. / Mausner, B. / Peterson, R. O. / Capwell, D.F. (1957): Job attitudes: Review of research and opinion. Pittburgh, PA: Psychological Service of Pittsburgh (zit. Herzberg et al. 1957).

Herzberg, Frederick / Mausner, Bernhard / Snyderman, Barbara (1959): The Motivation to Work. New York: Wiley (zit. Herzberg et al. 1959).

Herbert, Jean (1952): The Interpreter's Handbook: How to Become a Conference Interpreter. Geneva: Georg (zit. Herbert 1952).

Huprich, Lisa (2012): Stressfaktoren beim Simultandolmetschen. Unveröffentlichte Masterarbeit am Institut für Translationswissenschaften, Universität Wien (zit. Huprich 2012).

ISO – International Organization for Standardization (1998): ISO 2603 – Booths for simultaneous interpretation (zit. ISO 2603).

ISO – International Organization for Standardization (2016): ISO 2603 – Simultaneous interpreting — Permanent booths — Requirements (zit. ISO 2603a).

ISO – International Organization for Standardization (1998): ISO 4043 – Mobile booths for simultaneous interpretation (zit. ISO 4043).

ISO – International Organization for Standardization (2016): ISO 4043 – Simultaneous interpreting — Mobile booths — Requirements (zit. ISO 4043a).

ISO – International Organization for Standardization (2009): DIN EN ISO 9001, Berichtigung 1 (zit. ISO 9001:2008).

Jiménez Ivars, Amparo: Logische Kohäsion. In: Collados Aís, Angela / Stéveaux, Elisabeth (Hg.): Qualitätsparameter beim Simultandolmetschen, Tübingen: Narr (zit. Jiménez Ivars 2011).

Judge, Timothy A. / Bono, Joyce E. / Thoresen, Carl J. / Patton, Gregory K. (2001): The job satisfaction-job performance relationship: A qualitative and quantitative review. Psychological Bulletin 127, S. 376–407 (zit. Judge 2001).

Kade, Otto (1968): Zufall und Gesetzmäßigkeit in der Übersetzung. Leipzig: Veb Verlag Enzyklopädie (zit. Kade 1968).

Kahane, Eduardo (2000): Algunas consideraciones sobre calidad en interpretación. Verfügbar unter: http://aiic.net/page/198/algunas-consideraciones-sobre-calidad-en-interpretacion/lang/39. Stand 2.5.2015 (zit. Kahane 2000).

Kahane, Eduardo (2000): Thoughts on the quality of interpretation. Verfügbar unter: http://aiic.net/page/197. Stand 2.5.2015 (zit. Kahane 2000a).

Kalina, Sylvia (2002): Quality in interpreting and its prerequisites – A Framework for a Comprehensive View. In: Collados Aís, Angela / Stéveaux, Elisabeth (Hg.): Qualitätsparameter beim Simultandolmetschen, Tübingen: Narr (zit. Kalina 2002).

Kalina, Sylvia (2004): "Zum Qualitätsbegriff beim Dolmetschen". In: Lebende Sprachen 1/2004. Berlin (zit. Kalina 2004).

Kalverkämper, Hartwig / Schippel, Larisa (Hg.) (2008): Simultandolmetschen in Erstbewährung: Der Nürnberger Prozess 1945. Berlin: Frank & Timme, Verlag für wissenschaftliche Literatur (zit. Kalverkämper et al. 2008).

Kopacek, Anke (2011): Zu viel Sauerstoff schadet. Verfügbar unter: http://www.apotheken.de/news/article/copd-zu-viel-sauerstoff-schadet/. Stand 4.4.2015 (zit. Kopacek 2011).

Kraftwerk Forschung 2014: Upscale: Effiziente CO2-Abscheidung durch Sprühwäsche. Verfügbar unter: http://kraftwerkforschung.info/upscale-effiziente-co2-abscheidung-durch-spruehwaesche/print/. Stand 27.5.2015 (zit. Kraftwerk Forschung 2014).

Kurz, Ingrid (1983): Temperatures inside and outside booths - a comparative study. In: AIIC Bulletin Jg. 11, Heft 2, S. 67–72 (zit. Kurz 1983).

Kurz, Ingrid (1983a): CO_2 and O_2 levels in booths at the end of a conference day – A pilot study. In: AIIC Bulletin Jg. 11, Heft 3, S. 86–93 (zit. 1983a).

Kurz, Ingrid (1989): Conference interpreting user expectations. In: Hamond, D. (Hg.): Coming of age. Proceedings oft he 30th Conference of the A.T.A. Medford/New Jersey: Learned Information Inc., S. 143–148 (zit. Kurz 1989).

Kurz, Ingrid (2001): Conference Interpreting: Quality in the Ears of the User. Verfügbar unter: http://id.erudit.org/iderudit/003364ar, DOI: 10.7202/003364ar. Stand 4.5.2015 (zit. Kurz 2001).

Leitenberger, Bernd: Lebenserhaltungssysteme. Verfügbar unter: http://www.bernd-leitenberger.de/lebenserhaltung.shtml. Stand 15.4.2015 (zit. Leitenberger).

Malteser Bendorf (2005): Das respiratorische System – Teil 1. Verfügbar unter: http://intern.malteser-bendorf.de/res/iausb/Respi_1.pdf. Stand 28.5.2015 (zit. Malteser 2005).

Maslow, Abraham (1954): Motivation and Personality. New York: Harper & Row (zit. Maslow 1954).

Moser-Mercer, Barbara (2008): Construct-ing quality. In: Hansen, Gyde / Chesterman, Andrew / Gerzymisch-Arbogast, Heidrun (Hg.) (2008): Efforts and Models in Interpreting and Translation Research: a tribute to Daniel Gile. Amsterdam/Philadelphia: John Benjamins B.V., S. 143–156 (zit. Moser-Mercer 2008).

Muscatiello, N. / McCarthy, A. / Kielb, C. / Hsu, W.-H., Hwang S.-A., Lin S. (2015): Classroom conditions and CO2 concentration and teacher health symptom reporting in 10 New York State Schools. In: Indoor Air Journal 2015, Jg. 25, S. 157–167 (zit. Muscatiello et al. 2015).

Myhrvold, A. N. / Olsen, E./ Lauridsen, O. (1996): Indoor environment in schools – pupils health and performance in regard to CO2 concentrations. In: Proceedings of Indoor Air '96: The 7th International Conference on Indoor Air Quality and Climate, Nagoya, Japan, July, 1996, Jg. 4, S. 369–374 (zit. Myhrvold et. Al 1996).

National Research Council, Committee to Review and Asess the Health and Productivity Benefits of Green Schools (2006): Green Schools: Attributes for Health and Learning. Washington D.C.: The National Academies Press (zit. Green Schools 2006).

Nobs, Marie-Louise / Pradas Macías, E. Macarena / Fernández Sanchez, María Manuela (2011): Korrekte und vollständige Sinnübertragung. In: Collados

Aís, Angela / Stéveaux, Elisabeth (Hg.): Qualitätsparameter beim Simultandolmetschen, Tübingen: Narr (zit. Nobs et al. 2011).

Norbäck, D. / Nordström, K. (2008): Sick building syndrome in relation to air exchange rate, CO2, room temperature and relative air humidity in university computer classrooms: an experimental study. In: International Archives of Occupational and Environmental Health, Jahrgang 82, S. 21–30. (zit. Norbäck und Nordström 2008).

Online-Verwaltungslexikon – Wissen für gutes öffentliches Management – Qualitätsmanagement. Verfügbar unter: http://www.olev.de/. Stand 18.4.2015 (zit. Online-Verwaltungslexikon Qualitätsmanagement).

PCE Instruments (2015): Luftgüte. Verfügbar unter: http://www.warensortiment.de/technische-daten-3/erklaerung-luftguete.htm. Stand 9.3.2015 (zit. PCE Instruments 2015).

Pettenkofer, Max (1862): Ueber eine Methode, die Kohlensäure in der atmosphärischen Luft zu bestimmen. In: Journal für praktische Chemie Band 85. Verfügbar unter: http://babel.hathitrust.org/cgi/pt?id=njp.32101076786068; view=1up;seq=193. Stand 18.5.2015 (zit. Pettenkofer 1862).

Piechotta, Beatrice (2008): Qualitätsmanagement – Begriffe, Grundprinzipien, Anwendungen im Gesundheitswesen. Verfügbar unter: http://link.springer.com/chapter/10.1007%2F978-3-540-75742-9_1#page-1. Stand 24.5.2015 (zit. Piechotta 2008).

Pons Online Wörterbuch: "procedere". Verfügbar unter: http://de.pons.com/%C3%BCbersetzung?q=procedere&l=dela&in=ac_la&lf=de Stand 18.4.2015 (zit Pons procedere).

Pons Online Wörterbuch: „producere. Verfügbar unter: http://de.pons.com/%C3%BCbersetzung?q=producere&l=dela&in=ac_la&lf=de. Stand 18.4.2015 (zit. Pons producere).

Pöchhacker, Franz (2002): Researching Interpreting Quality: Models and Methods. In: Garzone/Viezzi (Hg.): Interpreting in the 21st Century, Amsterdam/Philadephia: John Benjamins Publishing (zit. Pöchhacker 2002).

Pöchhacker, Franz (2012): Qualität, die man versteht: ein funktionaler-kognitiver Ansatz. In: Ahrens, Barbara et al. (Hg.): Dolmetschqualität in Praxis, Lehre und Forschung. Festschrift für Sylvia Kalina. Tübigen: Narr (zit. Pöchhacker 2012).

Pradas Macías, E. Macarena (2011): Flüssigkeit. In: Collados Aís, Angela / Stéveaux, Elisabeth (Hg.): Qualitätsparameter beim Simultandolmetschen, Tübingen: Narr (zit. Pradas Macías 2011).

Realisation: Abbildung. Verfügbar unter: http://www.realisation.com.au/site2/Articles/PDCA%20cycle.htm. Stand 12.5.2015 (zit. Realisation).

Reiterlehner, Julia (2014): Stress beim simultanen Konferenzdolmetschen. Unveröffentlichte Masterarbeit am Institut für Theoretische und Angewandte Translationswissenschaft, Karls-Franzens-Universität Graz. (zit. Reiterlehner 2014).

Rickauer, Dr. med. Andreas (2014): Kinder – Jugendliche – Erwachsene Physiologische Unterschiede. Für den Arbeitskreis 1.2 Atemschutz, Ausschuss Arbeitsmedizin der Gesetzlichen Unfallversicherung. Verfügbar unter: http://www.dguv.de/medien/inhalt/praevention/fachbereiche/fb-fhb/veranst/2014/vortrag_rickauer.pdf. Stand 3.5.2015 (zit. Rickauer 2014).

Roche Lexikon Medizin: Laminar(Air)-Flow-System. Verfügbar unter: https://www.tk.de/rochelexikon/. Stand 29.5.2015 (zit. Roche Lexikon Medizin).

Roethlisberger, F. J. / Dickson, W.J. (1939): Management and the worker. An account of a research program conducted by the Western electric company, Hawthorne works, Chicago. Cambridge, MA: Harvard University Press (zit. Roethlisberger & Dickson 1939).

Schleufe, Markus (2012): Hören, übersetzen, mitsprechen. Verfügbar unter: http://www.zeit.de/karriere/beruf/2012-06/beruf-dolmetscher. Stand 4.4.2015 (zit. Schleufe 2012).

Seppänen, Olli (1999): Ventilation Strategies for good indoor air quality and energy efficiency. In: Proceedings of IAQ '98, Atlanta GA, American Society of Heating, Refrigeration and Air Conditioning Engineers, Jg. 20, S. 257 ff. (zit. Seppänen 1999).

Seppänen, Olli (2007): Ventilation Strategies for good indoor air quality and energy efficiency. In: 2nd PALENC Conference and 28th AIVC Conference on Building Low Energy Cooling and Advanced Ventilation Technologies in the 21st Century, September 2007, Crete island, Greece, Jg. 2, S. 929 ff. (zit. Seppänen 2007).

Seppänen, Olli / Fisk, William J. / Mendell, Mark J. (1999): Association of Ventilation Rates and CO2 Concentrations with Health and Other Responses in Commercial and Institutional Buildings. In: Indoor Air Journal 1999, Jg. 9, S. 226 ff. (zit. Seppänen et al. 1999).

Seppänen, Olli / Fisk, William J. / Lei, Q.H. (2006): Ventilation and Performance in Office Work. In: Indoor Air Journal 2006, Jg. 18, S. 28 ff. (zit. Seppänen et al. 2006).

Shlesinger, Miriam / Déjean Le Féal, Karla / Kurz, Ingrid / Mack, Gabriele / Cattaruzza, Lorella / Nilsson, Anna-Lena / Pöchhacker, Franz / Viezzi, Maurizio (1997): "Simultaneous Interpreting" in: Gambier, Yves et al.: Conference Interpreting. Amsterdam: Benjamins, S. 123–131 (zit. Shlesinger et al. 1997).

SN – Schweizer Norm, Interdisziplinärer Normenbereich INB (2005): SN EN ISO 9000 (zit. ISO 9000:2005).

Springer Fachmedien Wiesbaden GmbH – Gabler Wirtschaftslexikon: Qualität. Verfügbar unter: http://wirtschaftslexikon.gabler.de/Definition/qualitaet.html. Stand 13.4.2015 (zit. Springer, Gabler Wirtschaftslexikon).

TRGS 900 (Januar 2006): Arbeitsplatzgrenzwerte. In: BArBl. Heft 1/2006, S. 41–55, zuletzt geändert und ergänzt: GMBl 2015, S. 139–140 [Nr. 7] v. 02.03.2015 (zit. TRGS 900).

Twardella, Dorothee / Matzen, W. / Lahrz, T. / Burghardt, R. / Spegel, H. / Hendrowarsito, L. / Frenzel, A.C. / Fromme, H.: Effect of classroom air quality on students' concentration: results of a cluster-randomized cross-over experimental study. In: Indoor Air Journal. Verfügbar unter: DOI:10.111/j.1600-0668.2012.00774.x. Stand 22.5.2015 (zit. Twardella et al. 2012).

Ulich, Eberhard (2005): Arbeitspsychologie. Stuttgart: Schäffer-Poeschel Verlag. (zit. Ulich 2005).

Umweltbundesamt (2008): Gesundheitliche Bewertung von Kohlendioxid in der Innenraumluft. In: Bundesgesundheitsblatt-Gesundheitsforschung-Gesundheitsschutz Heft 11. Berlin: Springer Medizin Verlag. Auch verfügbar unter: DOI 10.1007/s00103-0080707-2 (zit. Umweltbundesamt 2008).

VDI – Verein Deutscher Ingenieure (2011): VDI 6022 Blatt 3 – Raumlufttechnik – Raumluftqualität – Beurteilung der Raumluftqualität (zit. VDI 6022).

VDI – Verein Deutscher Ingenieure (2015): VDI 6032 Blatt 1 – Hygieneanforderungen an die Lüftungstechnik in Fahrzeugen zur Personenbeförderung (zit. VDI 6032).

Vereinigung der Metall-Berufsgenossenschaften Maschinenbau- und Metall-Berufsgenossenschaft, Hütten-und Walzwerks-Berufsgenossenschaft, Berufsgenossenschaft Metall Nord Süd (2008): Sicherheit und Gesundheitsschutz bei Transport- und Lagerarbeiten. In: BGI 582 Ausgabe 2008. Carl Heymanns Verlag GmbH (zit. BGI 2008).

Voith, Carl von (1902): Rede im Auftrag der mathematisch-physikalischen Classe der kgl. bayer. Akademie der Wissenschaften in München in der öffentlichen Sitzung am 16. November 1901. In: Max von Pettenkofer zum Gedächtnis. München: Verlag der k. b. Akademie in Commission des G. Franz'schen Verlags (J. Roth) (zit. Voith 1902).

WeltN24 (2015): Reiner Sauerstoff schadet Herz und Hirn. Verfügbar unter: http://www.welt.de/wissenschaft/article889026/Reiner-Sauerstoff-schadet-Herz-und-Hirn.html. Stand 4.4.2015 (zit. WeltN24 2015).

Witte, Felicitas (2015): Fall für den Hausarzt. In: Süddeutsche Zeitung Nr. 105 vom 8. Mai 2015. (zit. Witte 2005).

Wittershagen, Michael (2007): Dolmetscher im Glück. Verfügbar unter: www.d-interp.de/pdf/Dolmetscher_im_Glueck_FAZ.pdf. Stand 4.5.2015 (zit. Wittershagen 2007).

Zwischenberger, Cornelia (2013): Qualität und Rollenbilder beim simultanen Konferenzdolmetschen. Berlin: Frank & Timme GmbH Verlag für Wissenschaftliche Literatur (zit. Zwischenberger 2006).

Anhang

E-Mail Fa. Audipack vom 31.3.2015

Dear Mrs. Eichmeyer,

Thank you for your message, to which I respond herewith.

All types of Audipack interpreter booth are available with extraction fans, as described in the ISO 4043 norm. The interpreter booth models Silent 9300, Silent 9500 and Silent 6300 are fully ISO 4043 compliant. I am sorry though that there is no data available on the chemical composition of air inside the booth during use (which of course will also differ between various users). The ISO 4043 norm notes a refreshment rate of at least seven times per hour.

Sorry that I cannot provide you with useful data.

Wishing you the best with the research for your thesis,

Met vriendelijke groet, Mit freundlichen Grüßen, Kind regards, Cordialement,

Sales representative

Industriestraat 2, 2751 GT MOERKAPELLE, THE NETHERLANDS
Tel. +31 79 593 …, Fax +31 79 593 …
…@audipack.com, www.audipack.com, www.audipack-flightcases.com

Produktinformation

brähler

Dolmetscherausrüstung

Dolmetscherkabine M83H

Beschreibung

Die transportable Dolmetscherkabine M83H für zwei Dolmetscher hat eine Grundfläche von 170x170cm und eine Höhe von 204cm (Außenmaße). Sie besteht aus drei Wandelementen (80,5 x201cm), vier Fensterelementen (80,5x201cm), einem Türelement (80,5x201cm) und zwei Dachelementen (85x170cm), die durch Hakenverriegelungen montierbar sind.

Maße und Gewichte der Elemente sind so gewählt, daß die Elemente jeweils von einer Person transportiert und montiert werden können.

Die Verbindung der Elemente erfolgt durch eine Hakenverriegelung, die durch einen Winkel-Sechskantschlüssel (Imbusschlüssel) der Größe 7, der sich unter der Tischplatte befindet, verschlossen werden kann.

Die Wandelemente bestehen aus einem stabilen Hartholz-Rahmen mit einer Füllung aus schalldämmendem Schichtstoffmaterial. Sie werden als Wandelemente, als Türelement mit einer fest eingebauten Kabinentür oder als Fensterelemente mit einem bruchfesten Fenster aus Sicherheitsglas gefertigt. Die Außenseite ist mit einer stabilen Beschichtung ausgestattet.

Die Innenseite ist mit einer robusten, schallabsorbierenden Filzoberfläche belegt. Dadurch wird u.a. ein Verkratzen der Oberflächen beim Stapeln und beim Transport der Elemente vermieden. Die Kabinentür ist mit einer Gummidichtung versehen, die ebenfalls eine optimale Schallisolierung garantiert.

Die Schalldämmung der Kabine M83H liegt weit über den Werten, die in der Norm ISO 4043 gefordert werden. Die Schalldruckpegeldifferenz D für das aus dem Saal in die Kabine gelangende Geräusch erreicht mindestens folgende Werte:

- Frequency in Hz	250	500	1.000	2.000	4.000
- D in dB	26	31	33	37	34

Die Kabine kann mit zwei geräuscharmen Walzenlüftern ausgestattet werden, die auf die Dachelemente aufgesetzt werden und durch Be- und Entlüftung für eine ausreichende Luftzirkulation innerhalb der Kabine sorgen.

Außerdem sind für jede Kabine zwei Tischleuchten vorzusehen.

Die Kabine M83H ist für zwei Dolmetscher ausgelegt. Die Arbeitsplatzbreite für jeden Dolmetscher beträgt 80cm. Für die Dolmetscherpulte der Dolmetscher ist eine Tischplatte von 50cm Tiefe eingebaut (Arbeitshöhe 73cm). Diese beinhaltet sowohl eine Ablage für die Arbeitsunterlagen unter dem Tisch sowie einen nicht sichtbaren Kabelkanal am Tischende zur einfacheren Handhabung der Anschlüsse der Dolmetscherpulte.

Das Kabinensystem M83 kann als Kabine für zwei Dolmetscher (M83H) oder als Kabine für drei Dolmetscher (M83D) montiert werden. Dazu ist außer den Standard-Elementen lediglich ein zusätzliches Element für das Dach und eine breitere Tischplatte notwendig.

Die Wandelemente sowie die Tür- und Fensterelemente sind beliebig kombinierbar, so daß die Tür sowohl seitlich als auch in der Rückwand der Kabine eingebaut werden kann.

Zubehör

LW6 Walzenlüfter, regelbar, wahlweise zum Be- und Entlüften einsetzbar, Kunststoffgehäuse, geschützt gegen Körperschallübertragung, fest angeschlossenes Netzkabel 3m und Netzkupplung zum Hintereinanderschalten mehrerer Lüfter, Netzspannung 90-220V, 50-60Hz, Leistungsaufnahme 21W; Abmessungen: 31x13x10cm, Gewicht: 2,5kg

L616 Niedervolt-Tischleuchte, 20W, Leistungsaufnahme 250mV bei 220V/50Hz

N3-3 Netzverteiler dreifach, mit 3m Netzkabel

WPP03 2990.1.01.061223

BRÄHLER ICS Konferenztechnik
International Congress Service AG

P.O.Box 3264, D-53639 Königswinter, Germany
T +49 (0)2244 930-0
F +49 (0)2244 930-450

sales@braehler.com
www.braehler.com

Produktinformation

brähler

Dolmetscherausrüstung

Dolmetscherkabine M83H

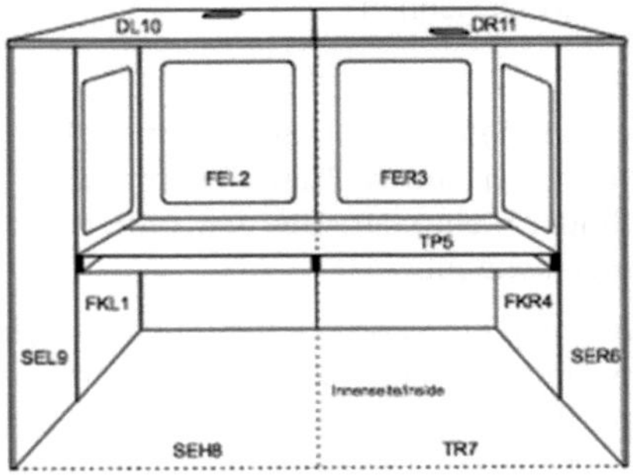

Technische Daten

Wandelement
(SER6, SEH8 und SEL9)

Abmessungen: 80,5x201x3,3cm

Hartholz-Rahmen mit Füllung aus Schichtstoffmaterial, beschichtet (DIN16926)

Innenseite mit schallabsorbierendem Filzmaterial belegt, schwer entflammbar (DIN51960)

Gewicht: 18kg

Fensterelement, Seitenteil
(FKL1 und FKR4)

Abmessungen und Material wie Wandelement, versehen mit einem Fensterausschnitt 68,5x80cm, 83cm über dem Boden, Fenster aus bruchfestem Sicherheitsglas (6mm), mit Kabelauslaß

Gewicht: 22,5kg

Fensterelement, Frontteil
(FEL2 und FER3)

wie Seitenteil, jedoch ohne Kabelauslaß

Türelement
(TR7)

Abmessungen und Material wie Wandelement

Das Element enthält eine fest eingebaute Tür (187x62cm), die nach außen geöffnet wird. Sie ist mit einer Gummidichtung und einem Schnappverschluß versehen, der nicht verschließbar ist. Die Griffmulden für den Verschluß sind eingelassen, so daß das Türelement keine überstehenden Teile enthält

Gewicht: 25kg

Dachelement
(DL10 und DR11)

Abmessungen: 85x170x4cm

Material wie Wandelement, mit einem umlaufenden Aluminiumprofil versehen, das beim Aufsetzen des Elements in entsprechende Nuten der Wandelemente eingreift und so das Dachelement gegen Verschieben sichert.
Das Element ist mit zwei Lüftungsschlitzen versehen, auf die die Walzenlüfter aufgesetzt werden

Gewicht: 13kg

Dachelement Erweiterung
(DM13)

Für die Erweiterung einer Kabine auf drei Arbeitsplätze (M83D) wird ein spezielles Dachelement benötigt

Ausführung wie DL10 und DL11, jedoch: 80,3x170x4cm, ohne Lüftungsschlitze

Tischplatte
(TP5)

Abmessungen: 50x160x7cm

Holzrahmen mit Sperrholzfüllung, beschichtet mit einer strapazierfähigen Kunststoffauflage sowie mit Ablagefach unterhalb der Tischplatte

Gewicht: 17kg

Tischplatte Erweiterung
(TP12)

Für die Erweiterung einer Kabine auf drei Arbeitsplätze (M83D) wird eine breitere Tischplatte benötigt. Ausführung wie TP5, jedoch 50x240,3x7cm

Gewicht: 25kg

Gesamtgewicht einer Kabine M83H: 211kg

Außenmaße M83H: Breite 170cm, Tiefe 170cm und Höhe 204cm
Außenmaße M83D: Breite 251cm, Tiefe 170cm und Höhe 204cm

Innenmaße M83H: Breite 160cm, Tiefe 160cm und Höhe 200cm
Innenmaße M83D: Breite 241cm, Tiefe 160cm und Höhe 200cm

BRÄHLER ICS verbessert ständig seine Produkte und behält sich daher technische Änderungen ohne Ankündigung vor.

BRÄHLER ICS Konferenztechnik
International Congress Service AG

P.O.Box 3264, D-53639 Königswinter, Germany
T +49 (0)2244 930-0
F +49 (0)2244 930-450

sales@braehler.com
www.braehler.com

E-Mail Fa. Brähler vom 9.4.2015

Hallo Frau Eichmeyer,

danke für das Feedback. Ich habe etwas recherchiert intern und kann Ihnen leider keinen Ansprechpartner nennen.

In unserem Fall werden Dolmetscherkabinen mit 2 Lüftern betrieben. Der eine "pumpt" Frischluft rein, der andere "saugt" verbrauchte Luft ab. Eine Messung des CO2 Gehaltes findet nicht statt. Bei den Lüftern ist die max. Literzahl der beförderten Luftmenge genannt.

Rein theoretisch kann man eine Formel aufstellen und einen Wert ermitteln, wie viel CO2 im Durchschnitt pro Dolmetscher ausgestoßen wird und diesen in das Verhältnis von zugeführter Frischluft/abgesaugter Verbrauchsluft bringen. Der Wert ist natürlich rein theoretisch zu sehen. Eine Messung findet unsererseits nicht statt.

Viel Erfolg und beste Grüße,

Key Account Manager
Braehler ICS Konferenztechnik AG
Auf der Alten Burg 6
53639 Koenigswinter
T +49 2244 930 …
M +49 160 748 …
F +49 2244 930 …
www.braehler.com

brähler

Headquarter
Braehler ICS Konferenztechnik International Congress Service AG
Wahlfelder Muehle 3, 53639 Koenigswinter/Germany
Commercial Reg. No. at the Local Court of Siegburg: HRB 6980
Executive Board Member: Christoph Permantier
Chairman of the Supervisory Board: Michael Faber

TRANSÜD. Arbeiten zur Theorie und Praxis des Übersetzens und Dolmetschens

Die Bände 1 bis 5 sind bei der Peter Lang GmbH erschienen und dort zu beziehen.

Bd. 6 Przemysław Chojnowski: Zur Strategie und Poetik des Übersetzens. Eine Untersuchung der Anthologien zur polnischen Lyrik von Karl Dedecius. 300 Seiten. ISBN 978-3-86596-013-9

Bd. 7 Belén Santana López: Wie wird *das Komische* übersetzt? *Das Komische* als Kulturspezifikum bei der Übersetzung spanischer Gegenwartsliteratur. 456 Seiten. ISBN 978-3-86596-006-1

Bd. 8 Larisa Schippel (Hg.): Übersetzungsqualität: Kritik – Kriterien – Bewertungshandeln. 194 Seiten. ISBN 978-3-86596-075-7

Bd. 9 Anne-Kathrin D. Ende: Dolmetschen im Kommunikationsmarkt. Gezeigt am Beispiel Sachsen. 228 Seiten. ISBN 978-3-86596-073-3

Bd. 10 Sigrun Döring: Kulturspezifika im Film: Probleme ihrer Translation. 156 Seiten. ISBN 978-3-86596-100-6

Bd. 11 Hartwig Kalverkämper: „Textqualität". Die Evaluation von Kommunikationsprozessen seit der antiken Rhetorik bis zur Translationswissenschaft. ISBN 978-3-86596-110-5

Bd. 12 Yvonne Griesel: Die Inszenierung als Translat. Möglichkeiten und Grenzen der Theaterübertitelung. 362 Seiten. ISBN 978-3-86596-119-8

Bd. 13 Hans J. Vermeer: Ausgewählte Vorträge zur Translation und anderen Themen. Selected Papers on Translation and other Subjects. 286 Seiten. ISBN 978-3-86596-145-7

Bd. 14 Erich Prunč: Entwicklungslinien der Translationswissenschaft. Von den Asymmetrien der Sprachen zu den Asymmetrien der Macht. 442 Seiten. ISBN 978-3-86596-146-4 (vergriffen, siehe Band 43 der Reihe)

Bd. 15 Valentyna Ostapenko: Vernetzung von Fachtextsorten. Textsorten der Normung in der technischen Harmonisierung. 128 Seiten. ISBN 978-3-86596-155-6

Bd. 16 Larisa Schippel (Hg.): TRANSLATIONSKULTUR – ein innovatives und produktives Konzept. 340 Seiten. ISBN 978-3-86596-158-7

Bd. 17 Hartwig Kalverkämper/Larisa Schippel (Hg.): Simultandolmetschen in Erstbewährung: Der Nürnberger Prozess 1945. Mit einer orientierenden Einführung von Klaus Kastner und einer kommentierten fotografischen Dokumentation von Theodoros Radisoglou sowie mit einer dolmetsch-wissenschaftlichen Analyse von Katrin Rumprecht. 344 Seiten. ISBN 978-3-86596-161-7

TRANSÜD. Arbeiten zur Theorie und Praxis des Übersetzens und Dolmetschens

Bd. 18 Regina Bouchehri: Filmtitel im interkulturellen Transfer. 174 Seiten. ISBN 978-3-86596-180-8

Bd. 19 Michael Krenz/Markus Ramlow: Maschinelle Übersetzung und XML im Übersetzungsprozess. Prozesse der Translation und Lokalisierung im Wandel. Zwei Beiträge, hg. von Uta Seewald-Heeg. 368 Seiten. ISBN 978-3-86596-184-6

Bd. 20 Hartwig Kalverkämper/Larisa Schippel (Hg.): Translation zwischen Text und Welt – Translationswissenschaft als historische Disziplin zwischen Moderne und Zukunft. 700 Seiten. ISBN 978-3-86596-202-7

Bd. 21 Nadja Grbić/Sonja Pöllabauer: Kommunaldolmetschen/Community Interpreting. Probleme – Perspektiven – Potenziale. Forschungsbeiträge aus Österreich. 380 Seiten. ISBN 978-3-86596-194-5

Bd. 22 Agnès Welu: Neuübersetzungen ins Französische – eine kulturhistorische Übersetzungskritik. Eichendorffs *Aus dem Leben eines Taugenichts*. 506 Seiten. ISBN 978-3-86596-193-8

Bd. 23 Martin Slawek: Interkulturell kompetente Geschäftskorrespondenz als Garant für den Geschäftserfolg. Linguistische Analysen und fachkommunikative Ratschläge für die Geschäftsbeziehungen nach Lateinamerika (Kolumbien). 206 Seiten. ISBN 978-3-86596-206-5

Bd. 24 Julia Richter: Kohärenz und Übersetzungskritik. Lucian Boias Analyse des rumänischen Geschichtsdiskurses in deutscher Übersetzung. 142 Seiten. ISBN 978-3-86596-221-8

Bd. 25 Anna Kucharska: Simultandolmetschen in defizitären Situationen. Strategien der translatorischen Optimierung. 170 Seiten. ISBN 978-3-86596-244-7

Bd. 26 Katarzyna Lukas: Das Weltbild und die literarische Konvention als Übersetzungsdeterminanten. Adam Mickiewicz in deutschsprachigen Übertragungen. 402 Seiten. ISBN 978-3-86596-238-6

Bd. 27 Markus Ramlow: Die maschinelle Simulierbarkeit des Humanübersetzens. Evaluation von Mensch-Maschine-Interaktion und der Translatqualität der Technik. 364 Seiten. ISBN 978-3-86596-260-7

Bd. 28 Ruth Levin: Der Beitrag des Prager Strukturalismus zur Translationswissenschaft. Linguistik und Semiotik der literarischen Übersetzung. 154 Seiten. ISBN 978-3-86596-262-1

Bd. 29 Iris Holl: Textología contrastiva, derecho comparado y traducción jurídica. Las sentencias de divorcio alemanas y españolas. 526 Seiten. ISBN 978-3-86596-324-6

TransÜD. Arbeiten zur Theorie und Praxis des Übersetzens und Dolmetschens

Bd. 30 Christina Korak: Remote Interpreting via Skype. Anwendungsmöglichkeiten von VoIP-Software im Bereich Community Interpreting – Communicate everywhere? 202 Seiten. ISBN 978-3-86596-318-5

Bd. 31 Gemma Andújar/Jenny Brumme (eds.): Construir, deconstruir y reconstruir. Mímesis y traducción de la oralidad y la afectividad. 224 Seiten. ISBN 978-3-86596-234-8

Bd. 32 Christiane Nord: Funktionsgerechtigkeit und Loyalität. Theorie, Methode und Didaktik des funktionalen Übersetzens. 338 Seiten. ISBN 978-3-86596-330-7

Bd. 33 Christiane Nord: Funktionsgerechtigkeit und Loyalität. Die Übersetzung literarischer und religiöser Texte aus funktionaler Sicht. 304 Seiten. ISBN 978-3-86596-331-4

Bd. 34 Małgorzata Stanek: Dolmetschen bei der Polizei. Zur Problematik des Einsatzes unqualifizierter Dolmetscher. 262 Seiten. ISBN 978-3-86596-332-1

Bd. 35 Dorota Karolina Bereza: Die Neuübersetzung. Eine Hinführung zur Dynamik literarischer Translationskultur. 108 Seiten. ISBN 978-3-86596-255-3

Bd. 36 Montserrat Cunillera/Hildegard Resinger (eds.): Implicación emocional y oralidad en la traducción literaria. 230 Seiten. ISBN 978-3-86596-339-0

Bd. 37 Ewa Krauss: Roman Ingardens „Schematisierte Ansichten" und das Problem der Übersetzung. 226 Seiten. ISBN 978-3-86596-315-4

Bd. 38 Miriam Leibbrand: Grundlagen einer hermeneutischen Dolmetschforschung. 324 Seiten. ISBN 978-3-86596-343-7

Bd. 39 Pekka Kujamäki/Leena Kolehmainen/Esa Penttilä/Hannu Kemppanen (eds.): Beyond Borders – Translations Moving Languages, Literatures and Cultures. 272 Seiten. ISBN 978-3-86596-356-7

Bd. 40 Gisela Thome: Übersetzen als interlinguales und interkulturelles Sprachhandeln. Theorien – Methodologie – Ausbildung. 622 Seiten. ISBN 978-3-86596-352-9

Bd. 41 Radegundis Stolze: The Translator's Approach – Introduction to Translational Hermeneutics. Theory and Examples from Practice. 304 Seiten. ISBN 978-3-86596-373-4

Bd. 42 Silvia Roiss/Carlos Fortea Gil/María Ángeles Recio Ariza/Belén Santana López/Petra Zimmermann González/Iris Holl (eds.): En las vertientes de la traducción e interpretación del/al alemán. 582 Seiten. ISBN 978-3-86596-326-0

Frank & Timme

TRANSÜD. Arbeiten zur Theorie und Praxis des Übersetzens und Dolmetschens

Bd. 43 Erich Prunč: Entwicklungslinien der Translationswissenschaft. 3., erweiterte und verbesserte Auflage (1. Aufl. 2007. ISBN 978-3-86596-146-4). 528 Seiten. ISBN 978-3-86596-422-9

Bd. 44 Mehmet Tahir Öncü: Die Rechtsübersetzung im Spannungsfeld von Rechtsvergleich und Rechtssprachvergleich. Zur deutschen und türkischen Strafgesetzgebung. 380 Seiten. ISBN 978-3-86596-424-3

Bd. 45 Hartwig Kalverkämper/Larisa Schippel (Hg.): „Vom Altern der Texte". Bausteine für eine Geschichte des interkulturellen Wissenstransfers. 456 Seiten. ISBN 978-3-86596-251-5

Bd. 46 Hannu Kemppanen/Marja Jänis/Alexandra Belikova (eds.): Domestication and Foreignization in Translation Studies. 240 Seiten. 978-3-86596-470-0

Bd. 47 Sergey Tyulenev: Translation and the Westernization of Eighteenth-Century Russia. A Social-Systemic Perspective. 272 Seiten. ISBN 978-3-86596-472-4

Bd. 48 Martin B. Fischer/Maria Wirf Naro (eds.): Translating Fictional Dialogue for Children and Young People. 422 Seiten. ISBN 978-3-86596-467-0

Bd. 49 Martina Behr: Evaluation und Stimmung. Ein neuer Blick auf Qualität im (Simultan-)Dolmetschen. 356 Seiten. ISBN 978-3-86596-485-4

Bd. 50 Anna Gopenko: Traduire le sublime. Les débats de l'Église orthodoxe russe sur la langue liturgique. 228 Seiten. ISBN 978-3-86596-486-1

Bd. 51 Lavinia Heller: Translationswissenschaftliche Begriffsbildung und das Problem der performativen Unauffälligkeit von Translation. 332 Seiten. ISBN 978-3-86596-470-0

Bd. 52 Claudia Dathe/Renata Makarska/Schamma Schahadat (Hg.): Zwischentexte. Literarisches Übersetzen in Theorie und Praxis. 300 Seiten. ISBN 978-3-86596-442-7

Bd. 53 Regina Bouchehri: Translation von Medien-Titeln. Der interkulturelle Transfer von Titeln in Literatur, Theater, Film und Bildender Kunst. 334 Seiten. ISBN 978-3-86596-400-7

Bd. 54 Nilgin Tanış Polat: Raum im (Hör-)Film. Zur Wahrnehmung und Repräsentation von räumlichen Informationen in deutschen und türkischen Audiodeskriptionstexten. 138 Seiten. ISBN 978-3-86596-508-0

Bd. 55 Eva Parra Membrives/Ángeles García Calderón (eds.): Traducción, mediación, adaptación. Reflexiones en torno al proceso de comunicación entre culturas. 336 Seiten. ISBN 978-3-86596-499-1

TRANSÜD. Arbeiten zur Theorie und Praxis des Übersetzens und Dolmetschens

Bd. 56 Yvonne Sanz López: Videospiele übersetzen – Probleme und Optimierung. 126 Seiten. ISBN 978-3-86596-541-7

Bd. 57 Irina Bondas: Theaterdolmetschen – Phänomen, Funktionen, Perspektiven. 240 Seiten. ISBN 978-3-86596-540-0

Bd. 58 Dinah Krenzler-Behm: Authentische Aufträge in der Übersetzerausbildung. Ein Leitfaden für die Translationsdidaktik. 480 Seiten. ISBN 978-3-86596-498-4

Bd. 59 Anne-Kathrin Ende/Susann Herold/Annette Weilandt (Hg.): Alles hängt mit allem zusammen. Translatologische Interdependenzen. Festschrift für Peter A. Schmitt. 544 Seiten. ISBN 978-3-86596-504-2

Bd. 60 Saskia Weber: Kurz- und Kosenamen in russischen Romanen und ihre deutschen Übersetzungen. 256 Seiten. ISBN 978-3-7329-0002-2

Bd. 61 Silke Jansen/Martina Schrader-Kniffki (eds.): La traducción a través de los tiempos, espacios y disciplinas. 366 Seiten. ISBN 978-3-86596-524-0

Bd. 62 Annika Schmidt-Glenewinkel: Kinder als Dolmetscher in der Arzt-Patienten-Interaktion. 130 Seiten. ISBN 978-3-7329-0010-7

Bd. 63 Klaus-Dieter Baumann/Hartwig Kalverkämper (Hg.): Theorie und Praxis des Dolmetschens und Übersetzens in fachlichen Kontexten. 756 Seiten. ISBN 978-3-7329-0016-9

Bd. 64 Silvia Ruzzenenti: «Präzise, doch ungenau» – Tradurre il saggio. Un approccio olistico al *poetischer Essay* di Durs Grünbein. 406 Seiten. ISBN 978-3-7329-0026-8

Bd. 65 Margarita Zoe Giannoutsou: Kirchendolmetschen – Interpretieren oder Transformieren? 498 Seiten. ISBN 978-3-7329-0067-1

Bd. 66 Andreas F. Kelletat/Aleksey Tashinskiy (Hg.): Übersetzer als Entdecker. Ihr Leben und Werk als Gegenstand translationswissenschaftlicher und literaturgeschichtlicher Forschung. 376 Seiten. ISBN 978-3-7329-0060-2

Bd. 67 Ulrike Spieler: Übersetzer zwischen Identität, Professionalität und Kulturalität: Heinrich Enrique Beck. 340 Seiten. ISBN 978-3-7329-0107-4

Bd. 68 Carmen Klaus: Translationsqualität und Crowdsourced Translation. Untertitelung und ihre Bewertung – am Beispiel des audiovisuellen Mediums *TEDTalk*. 180 Seiten. ISBN 979-3-7329-0031-1

Bd. 69 Susanne J. Jekat/Heike Elisabeth Jüngst/Klaus Schubert/Claudia Villiger (Hg.): Sprache barrierefrei gestalten. Perspektiven aus der Angewandten Linguistik. 276 Seiten. ISBN 978-3-7329-0023-7

TRANSÜD. Arbeiten zur Theorie und Praxis des Übersetzens und Dolmetschens

Bd. 70 Radegundis Stolze: Hermeneutische Übersetzungskompetenz. Grundlagen und Didaktik. 402 Seiten. ISBN 978-3-7329-0122-7

Bd. 71 María Teresa Sánchez Nieto (ed.): Corpus-based Translation and Interpreting Studies: From description to application / Estudios traductológicos basados en corpus: de la descripción a la aplicación. 268 Seiten. ISBN 978-3-7329-0084-8

Bd. 72 Karin Maksymski/Silke Gutermuth/Silvia Hansen-Schirra (eds.): Translation and Comprehensibility. 296 Seiten. ISBN 978-3-7329-0022-0

Bd. 73 Hildegard Spraul: Landeskunde Russland für Übersetzer. Sprache und Werte im Wandel. Ein Studienbuch. 360 Seiten. ISBN 978-3-7329-0109-8

Bd. 74 Ralph Krüger: The Interface between Scientific and Technical Translation Studies and Cognitive Linguistics. With Particular Emphasis on Explicitation and Implicitation as Indicators of Translational Text-Context Interaction. 482 Seiten. ISBN 978-3-7329-0136-4

Bd. 75 Erin Boggs: Interpreting U.S. Public Diplomacy Speeches. 154 Seiten. ISBN 978-3-7329-0150-0

Bd. 76 Nathalie Mälzer (Hg.): Comics – Übersetzungen und Adaptionen. 404 Seiten. ISBN 978-3-7329-0131-9

Bd. 77 Sophie Beese: Das (zweite) andere Geschlecht – der Diskurs „Frau" im Wandel. Simone de Beauvoirs *Le deuxième sexe* in deutscher Erst- und Neuübersetzung. 264 Seiten. ISBN 978-3-7329-0141-8

Bd. 78 Xenia Wenzel: Die Übersetzbarkeit philosophischer Diskurse. Eine Übersetzungskritik an den beiden englischen Übersetzungen von Heideggers *Sein und Zeit*. 162 Seiten. ISBN 978-3-7329-0199-9

Bd. 79 María-José Varela Salinas/Bernd Meyer (eds.): Translating and Interpreting Healthcare Discourses/Traducir e interpretar en el ámbito sanitario. 266 Seiten. ISBN 978-3-86596-367-3

Bd. 80 Susanne Hagemann: Einführung in das translationswissenschaftliche Arbeiten. Ein Lehr- und Übungsbuch. 360 Seiten. ISBN 978-3-7329-0125-8

Bd. 81 Anja Maibaum: Spielfilm-Synchronisation. Eine translationskritische Analyse am Beispiel amerikanischer Historienfilme über den Zweiten Weltkrieg. 144 Seiten. ISBN 978-3-7329-0220-0

Bd. 82 Sybille Schellheimer: La función evocadora de la fraseología en la oralidad ficcional y su traducción. 356 Seiten. ISBN 978-3-7329-0232-3

TransÜD. Arbeiten zur Theorie und Praxis des Übersetzens und Dolmetschens

Bd. 83 Franziska Heidrich: Kommunikationsoptimierung im Fachübersetzungsprozess. 276 Seiten. ISBN 978-3-7329-0262-0

Bd. 84 Cristina Plaza Lara: Integración de la competencia instrumental-profesional en el aula de traducción. 222 Seiten. ISBN 978-3-7329-0309-2

Bd. 85 Andreas F. Kelletat/Aleksey Tashinskiy/Julija Boguna (Hg.): Übersetzerforschung. Neue Beiträge zur Literatur- und Kulturgeschichte des Übersetzens. 366 Seiten. ISBN 978-3-7329-0234-7

Bd. 86 Heidrun Witte: Blickwechsel. Interkulturelle Wahrnehmung im translatorischen Handeln. 274 Seiten. ISBN 978-3-7329-0333-7

Bd. 87 Susanne Hagemann/Julia Neu/Stephan Walter (Hg.): Translationslehre und Bologna-Prozess: Unterwegs zwischen Einheit und Vielfalt / Translation/Interpreting Teaching and the Bologna Process: Pathways between Unity and Diversity. 434 Seiten. ISBN 978-3-7329-0311-5

Bd. 88 Ursula Wienen/Laura Sergo/Tinka Reichmann/Ivonne Gutiérrez Aristizábal (Hg.): Translation und Ökonomie. 274 Seiten. ISBN 978-3-7329-0203-3

Bd. 89 Daniela Eichmeyer: Luftqualität in Dolmetschkabinen als Einflussfaktor auf die Dolmetschqualität. Interdisziplinäre Erkenntnisse und translationspraktische Konsequenzen. 144 Seiten. ISBN 978-3-7329-0362-7

Bd. 90 Alexander Künzli: Die Untertitelung – von der Produktion zur Rezeption. 264 Seiten. ISBN 978-3-7329-0393-1

Bd. 91 Christiane Nord: Traducir, una actividad con propósito. Introducción a los enfoques funcionalistas. 228 Seiten. ISBN 978-3-7329-0410-5

Bd. 92 Fabjan Hafner/Wolfgang Pöckl (Hg.): „... übersetzt von Peter Handke" – Philologische und translationswissenschaftliche Analysen. 294 Seiten. ISBN 978-3-7329-0443-3

Bd. 93 Elisabeth Gibbels: Lexikon der deutschen Übersetzerinnen 1200–1850. 216 Seiten. ISBN 978-3-7329-0422-8

Bd. 94 Encarnación Postigo Pinazo: Optimización de las competencias del traductor e intérprete. Nuevas tecnologías – procesos cognitivos – estrategias. 194 Seiten. ISBN 978-3-7329-0392-4

Bd. 95 Marta Estévez Grossi: Lingüística Migratoria e Interpretación en los Servicios Públicos. La comunidad gallega en Alemania. 574 Seiten. ISBN 978-3-7329-0411-2

Frank & Timme

TRANSÜD. Arbeiten zur Theorie und Praxis des Übersetzens und Dolmetschens

Bd. 96 Ivana Havelka: Videodolmetschen im Gesundheitswesen. Dolmetschwissenschaftliche Untersuchung eines österreichischen Pilotprojektes. 346 Seiten. ISBN 978-3-7329-0490-7

Bd. 97 Maria Mushchinina (Hg.): Formate der Translation. 340 Seiten. ISBN 978-3-7329-0506-5

Bd. 98 Zehra Gülmüş: Übersetzungsverfahren beim literarischen Übersetzen. Ahmet Hamdi Tanpınars Roman „Das Uhrenstellinstitut". 196 Seiten. ISBN 978-3-7329-0498-3

Bd. 99 Peter Sandrini: Translationspolitik für Regional- oder Minderheitensprachen. Unter besonderer Berücksichtigung einer Strategie der Offenheit. 524 Seiten. ISBN 978-3-7329-0513-3

Bd. 100 Aleksey Tashinskiy/Julija Boguna (Hg.): Das WIE des Übersetzens. Beiträge zur historischen Übersetzerforschung. 248 Seiten. ISBN 978-3-7329-0536-2

Bd. 101 Heike Elisabeth Jüngst/Lisa Link/Klaus Schubert/Christiane Zehrer (eds.): Challenging Boundaries. New Approaches to Specialized Communication. 228 Seiten. ISBN 978-3-7329-0524-9

Bd. 102 Chuan Ding: „Peterchens Mondfahrt" in chinesischer Übersetzung. Eine Kritik. 124 Seiten. ISBN 978-3-7329-0528-7

Bd. 103 Changgun Kim: Übersetzen von Videospieltexten. Nekrotexte lesen und übersetzen. 164 Seiten. ISBN 978-3-7329-0379-5

Bd. 104 Guntars Dreijers/Agnese Dubova/Jānis Veckrācis (eds.): Bridging Languages and Cultures. Linguistics, Translation Studies and Intercultural Communication. 338 Seiten. ISBN 978-3-7329-0429-7

Bd. 105 Madeleine Schnierer: Qualitätssicherung. Die Praxis der Übersetzungsrevision im Zusammenhang mit EN 15038 und ISO 17100. 286 Seiten. ISBN 978-3-7329-0539-3

Bd. 106 Lavinia Heller/Tomasz Rozmysłowicz (Hg.): Translation und Interkulturelle Kommunikation / Translation and Intercultural Communication. Beiträge zur Theorie, Empirie und Praxis kultureller Austauschprozesse / Theoretical, Empirical and Practical Perspectives on Cultural Exchanges. 178 Seiten. ISBN 978-3-7329-0351-1

Bd. 107 Brita Dorer: Advance Translation as a Means of Improving Source Questionnaire Translatability? Findings from a Think-Aloud Study for French and German. 554 Seiten. ISBN 978-3-7329-0594-2

Bd. 108 Annegret Sturm: Theory of Mind in Translation. 334 Seiten. ISBN 978-3-7329-0492-1

Frank & Timme

TRANSÜD. Arbeiten zur Theorie und Praxis des Übersetzens und Dolmetschens

Bd. 109 Akkad Alhussein: Vom Zieltext zum Ausgangstext. Das Problem der retroflexen Wirksamkeit der Translation. 290 Seiten. ISBN 978-3-7329-0679-6

Bd. 110 Ursula Stachl-Peier/Eveline Schwarz (Hg./eds.): Ressourcen und Instrumente der translationsrelevanten Hochschuldidaktik / Resources and Tools for T&I Education. Lehrkonzepte, Forschungsberichte, Best-Practice-Modelle / Research Studies, Teaching Concepts, Best-Practice Results.
308 Seiten. ISBN 978-3-7329-0685-7

Bd. 111 Guntars Dreijers/Jānis Sīlis/Silga Sviķe/Jānis Veckrācis (eds.): Bridging Languages and Cultures II. Linguistics, Translation Studies and Intercultural Communication. 258 Seiten. ISBN 978-3-7329-0705-2

Bd. 112 Anu Viljanmaa: Professionelle Zuhörkompetenz und Zuhörfilter beim Dialogdolmetschen. 580 Seiten. ISBN 978-3-7329-0719-9

Bd. 113 Johan Franzon/Annjo K. Greenall/Sigmund Kvam/Anastasia Parianou (eds.): Song Translation: Lyrics in Contexts. 498 Seiten. ISBN 978-3-7329-0656-7

Bd. 114 Anna Wegener: Karin Michaëlis' *Bibi* books. Producing, Rewriting, Reading and Continuing a Children's Fiction Series, 1927–1953.
400 Seiten. ISBN 978-3-7329-0588-1

Bd. 115 Gesa Büttner: Dolmetschvorbereitung digital. Professionelles Dolmetschen und DeepL. 130 Seiten. ISBN 978-3-7329-0750-2

Bd. 116 Jutta Seeger-Vollmer: Schwer lesbar gleich texttreu?. Wissenschaftliche Translationskritik zur *Moby-Dick*-Übersetzung Friedhelm Rathjens.
530 Seiten. ISBN 978-3-7329-0766-3

Bd. 117 Katerina Sinclair: TranslatorInnen als SprachlehrerInnen: Eignung und Einsatz.
346 Seiten. ISBN 978-3-7329-0739-7

Bd. 118 Nathalie Thiede: Qualität bei der Lokalisierung von Videospielen.
116 Seiten. ISBN 978-3-7329-0793-9

Bd. 119 Iryna Kloster: Translation Competence and Language Contrast – A Multi-Method Study. Italian – Russian – German. 416 Seiten. ISBN 978-3-7329-0761-8

Bd. 120 Kerstin Rupcic: Einsatzpotenziale maschineller Übersetzung in der juristischen Fachübersetzung. 252 Seiten. ISBN 978-3-7329-0782-3

Bd. 121 Rocío García Jiménez/María-José Varela Salinas: Aspectos de la traducción biosanitaria español–alemán / alemán–español.
94 Seiten. ISBN 978-3-7329-0812-7

Frank & Timme

TRANSÜD. Arbeiten zur Theorie und Praxis des Übersetzens und Dolmetschens

Bd. 122 Janina Sachse: Konferenzdolmetschen für soziale Bewegungen. Sichtbarkeit, Neutralität und Ideologie. 114 Seiten. ISBN 978-3-7329-0833-2

Bd. 123 Sylvia Reinart: „Im Original geht viel verloren". Warum Übersetzungen oft besser sind als das Original. 448 Seiten. ISBN 978-3-7329-0826-4

Bd. 124 Gernot Hebenstreit/Philipp Hofeneder (Hg.): Translation im Wandel: Gesellschaftliche, konzeptuelle und didaktische Perspektiven. 224 Seiten. ISBN 978-3-7329-0831-8

Bd. 125 Paweł Bielawski: Juristische Phraseologie im Kontext der Rechtsübersetzung am Beispiel deutscher und polnischer Anklageschriften. 452 Seiten. ISBN 978-3-7329-0836-3

Bd. 126 Jie Li: Kognitionstranslatologie: Das verbale Arbeitsgedächtnis im Übersetzungsprozess. 340 Seiten. ISBN 978-3-7329-0819-6

Bd. 127 Carmen Mateo Gallego-Iniesta: Metáfora, terminología y traducción. Informes institucionales sobre la crisis económica en inglés, español y alemán. 442 Seiten. ISBN 978-3-7329-0845-5

Bd. 128 María Pilar Castillo Bernal/Marta Estévez Grossi (eds.): Translation, Mediation and Accessibility for Linguistic Minorities. 386 Seiten. ISBN 978-3-7329-0857-8

Bd. 129 Susanne Hagemann: Recherche im Translationsprozess. Ein Lehr- und Studienbuch. 324 Seiten. ISBN 978-3-7329-0855-4

Bd. 130 Véronique Lagae/Nadine Rentel/Stephanie Schwerter (dir.): La traduction en contexte migratoire. Aspects sociétaux, juridiques et linguistiques. 284 Seiten. ISBN 978-3-7329-0825-7

Bd. 131 Stephanie Schwerter/Katrina Brannon (eds.): Translation and Circulation of Migration Literature. 308 Seiten. ISBN 978-3-7329-0824-0

Bd. 132 Hanna Reininger: Fremde Sprachen im literarischen Original – Translatorische Herausforderungen. Gezeigt an *Villette* von Charlotte Brontë. 188 Seiten. ISBN 978-3-7329-0877-6

Bd. 133 Sabine Dievenkorn/Shaul Levin (eds.): [Re]Gained in Translation I: Bibles, Theologies, and the Politics of Empowerment. 472 Seiten. ISBN 978-3-7329-0789-2

Bd. 134 Sabine Dievenkorn/Shaul Levin (eds.): [Re]Gained in Translation II: Bibles, Histories, and Struggles for Identity. 450 Seiten. ISBN 978-3-7329-0790-8

Frank & Timme